くもんの小学ドリル

がんばり3年生
学習記ろく表

名前

JN051717

1	2	3	4	5	6	7	8
9	10	11	12	13	14	15	16
17	18	19	20	21	22	23	24
25	26	27	28	29	30	31	32
33	34	35	36	37	38	39	40
41	42	43	44				

1さつぜんぶ終わったら、
ここに大きなシールを
はりましょう。

あなたは
「くもんの小学ドリル　学力チェックテスト　3年生　国語」を、
さいごまでやりとげました。
すばらしいです！
これからもがんばってください。

1

二年生のふく習(1)

目ひょう時間 20分

合かく
100点 80点 0点

●ふく習のめやす
2年生の学力チェックテストなどで
しっかりふく習しましょう！

とく点
／100点

©くもん出版

1 形に気をつけて、□に漢字を書きましょう。 (一つ5点)

(1)
□ いけ の魚。

□ じ めんの土。

(2)
□ うし が鳴く。

□ ご 後の天気。

2 次のなかまのことばを後の □ からえらんで、漢字で書きましょう。 (一つ3点)

(1) きせつ … □ ・ □ ・ □ ・ □

(2) 方角 …… □ ・ □ ・ □ ・ □

(3) 家ぞく … □ ・ □ ・ □ ・ □

> きた ・ なつ ・ あに ・ みなみ
>
> ちち ・ にし ・ あき ・ ひがし
>
> はる ・ はは ・ ふゆ ・ いもうと

4 □のことばを、次の(1)～(4)に分けて、かたかなで書きましょう。
(1点3つ)

```
よこはま ・ えじそん ・ わんわん ・ とん
ごろごろ ・ にゃあ ・ ぱりす ・ てれび ・ あめりか ・ こつこつ ・ せんと
```

(1) 外国から来たことば。
（　　　）
（　　　）

(2) 外国の人の名前。
（　　　）
（　　　）

(3) もの音や鳴き声。
（　　　）
（　　　）

(4) 外国の、国や土地の名前。
（　　　）
（　　　）

3 反対の意味のことばを、漢字とひらがなで書きましょう。
(1点5つ)

(1) 人が多い。 ⟷ 人が（　　　）。

(3) 家まで近い。 ⟷ 家まで（　　　）。

(2) 洋服を買う。 ⟷ 洋服を（　　　）。

(4) 古い。 ⟷ （　　　）。

2

目ひょう時間 30分

●ふく習のめやす
合かく
100点　80点　0点
2年生の学力チェックテストなどで、しっかりふく習しよう！

とく点
/100点

★ 次の文章を読んで、下の問題に答えましょう。

　ある日のことでした。日は、もう遠い山のむこうに しずみ、あたりは くらくなっているのに、スーホが帰ってきません。おばあさんは、しんぱいになってきました。近くにすむひつじかいたちも、さわぎはじめました。

　みんながしんぱいでたまらなくなったころ、スーホが、何か白いものをだきかかえて帰ってきました。みんながそばにかけよってみると、それは、生まれたばかりの、小さな白い馬でした。

(1) おばあさんが「しんぱいになって」きたのは、どうしてですか。（一つ10点）

　日がしずみ、あたりは
①（　　　　　　　　　　　）
くるのに、
②（　　　　　　　　　　　）
いないから。

(2) 「みんな」とは、おばあさんとほかのだれですか。（10点）

〔　　　　　　　　　　〕

(3) 「何か白いもの」とは、何でしたか。（15点）

〔　　　　　　　　　　　　　　　　〕

3

ほどもしした。

だれへ、しきたよ、子馬は、めためて一日一日とたくましくなれ、雪のようにたくましい、すばらしい馬にたち

子馬をめためて、一日一日とおおかみにも見えないところに、おおかみから見えないところに、子馬を

あおから、おおかみにも見えないところに、子馬をつれてにげました。でも、おおかみに見つかってしまった子馬を、おおかみから見えないところに、つれてにげました。

でも、だれかが見とがめて、子馬を帰したら、スーホは、すこしでも思われたくなかったから。

（4）スーホが子馬を見つけたとき、子馬はどんなようすでしたか。
（15点）

（5）スーホは、（　　①　　）もちぬしにもとられ、（　　②　　）見えないところに、子馬をつれてにげましたか。
（10点×2）

（6）「だれかが見とがめ」たのは、スーホが、どんなふうにしていたからですか。
（10点×2）
①（　　　）、（　　　）に食わ
②（　　　）に、見えないところにおいて、ねむらぬ人にも見られないようにしていたから。

体はから、すこしでも思われたくなかったから。

「これは、子馬がすばらしい馬だと思われ」
①（　　　）
②（　　　）こと。
（10点×2）

4

© くもん出版

きほんの問題のチェックだよ。できなかった問題はしっかり学習してから、**かんせいテスト**をやろう！

とく点 ／100点

かんれんドリル ●漢字は学年のまとめなので、くーじははしめていません。

5

---

1 〈二通りの漢字の読み〉

次の――線の漢字の読み方を書きましょう。 (一つ4点)

16点

ぜんぶできたら🌸

(1)
( ) 犬のかい主。
( ) 主な登場人物。

(2)
( ) 食事の用意。
( ) 家の仕事。

---

2 〈漢字の書き〉

次の□に漢字を書きましょう。 (一つ4点)

32点

ぜんぶできたら🌸

(1) [もう] □しこみ用紙。

(2) 二[ちょう]□目の交さ点。

(3) [ち]□が出る。

(4) 明るい[よ]□の中。

(5) 東京都新宿[とうきょうとしんじゅく]□。

(6) [さら]□がわれる。

(7) ごみを取り[さ]□る。

(8) 一[にち]□車しゃ。

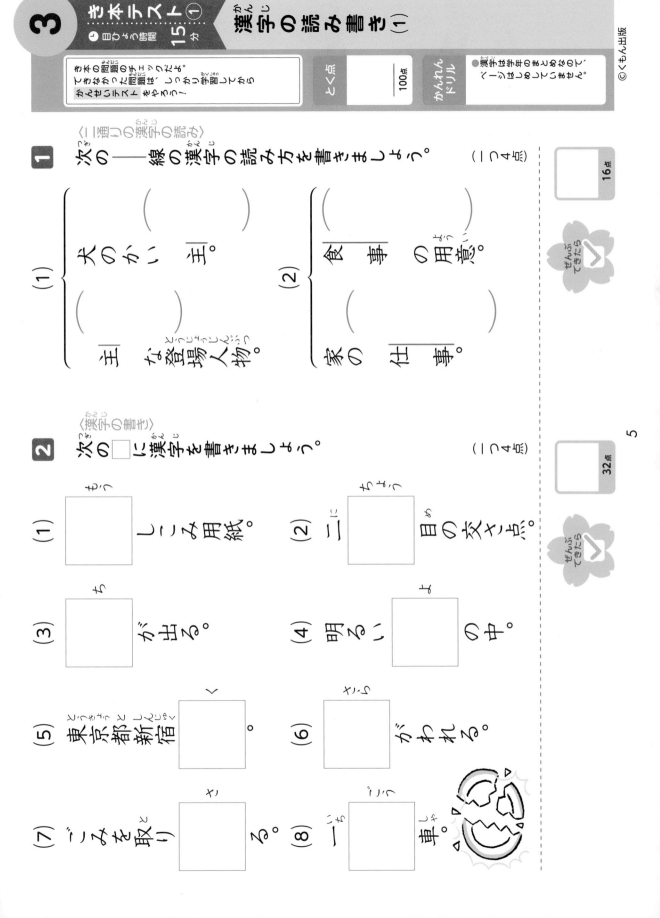

4

次の□に漢字を書きましょう。
〈漢字二字の言葉〉

（一つ４点）

36点

(1) 店の［　　］［　　］。（しゅ）（じん）

(2) ［　　］［　　］をおこします。（じょう）（し）

(3) 市の［　　］［　　］。（やく）（しょ）

(4) 部屋や［　　］［　　］。（ちゅう）（おう）

(5) 電話［　　］［　　］。（ばん）（ごう）

(6) 記ねん［　　］［　　］。（しゃ）（しん）

(7) ［　　］［　　］のかさ。（た）（にん）

(8) ［　　］［　　］の方向。（はん）（たい）（ほうこう）

(9) ［　　］［　　］の国々。（せ）（かい）

3

――線の送りがながまちがっているので、□に気をつけて、□に漢字を書きましょう。
〈送りがなのつく漢字〉

（一つ４点）

16点

(1) お［　　］け の話。（ば）

(2) 絵をかき［　　］す。（だ）

(3) 体を［　　］らす。（そ）

(4) 王様に［　　］える。（つか）

漢字の読み書き(1)

とく点　　　／100点

きほんの問題だよ。エックスのついた問題は、学習してからやろう！できなかった問題は、しっかり学習してから、かんせいテストをやろう！

1 〈三通りの漢字の読み〉

次の──線の漢字の読み方を書きましょう。　(一つ4点)

16点

せんぶできたら

(1)
（　　　　）
右に 曲 がる。

（　　　　）
美しい 曲。

(2)
（　　　　）
平 らな土地。

（　　　　）
水 平 線。

2 〈漢字の書き〉

次の□に漢字を書きましょう。　(一つ4点)

32点

せんぶできたら

(1) お［ れい ］のことば。

(2) ヒットを［ う ］つ。

(3) ［ とおり ］をける。

(4) みかんの［ かわ ］。

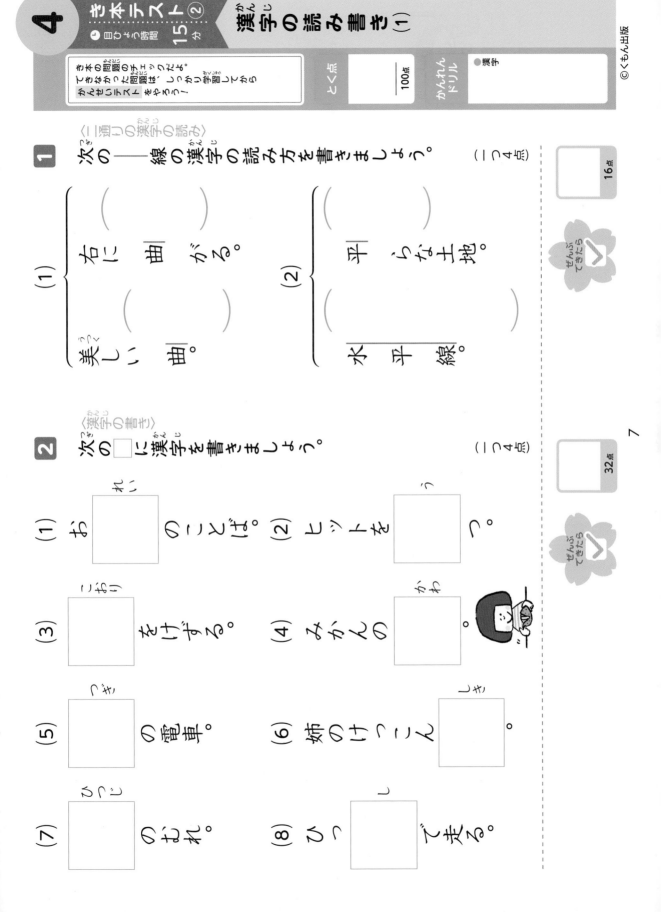

(5) ［ つぎ ］の電車。

(6) 姉のけっこん［ しき ］。

(7) ［ ひつじ ］のむれ。

(8) ［ し ］で走る。

4 次の□に漢字の□にあてはまる漢字を書きましょう。〈一つ4点〉　36点

（1）明治□□。

（2）□□に分ける。

（3）□□に動く。

（4）□□に動く。

（5）□□のおし。

（6）□□の場所。

（7）□□を持つ。

（8）交通□□。

（9）テレビの□□。

ぜんぶできたら◎

3 ——線の送りがなに気をつけて、□に漢字を書きましょう。〈一つ4点〉　16点

（1）山の□（むこう）。

（2）兄の□わりに歌う。

（3）□（まじ）り□。

（4）□（まじ）る。わからない。

ぜんぶできたら◎

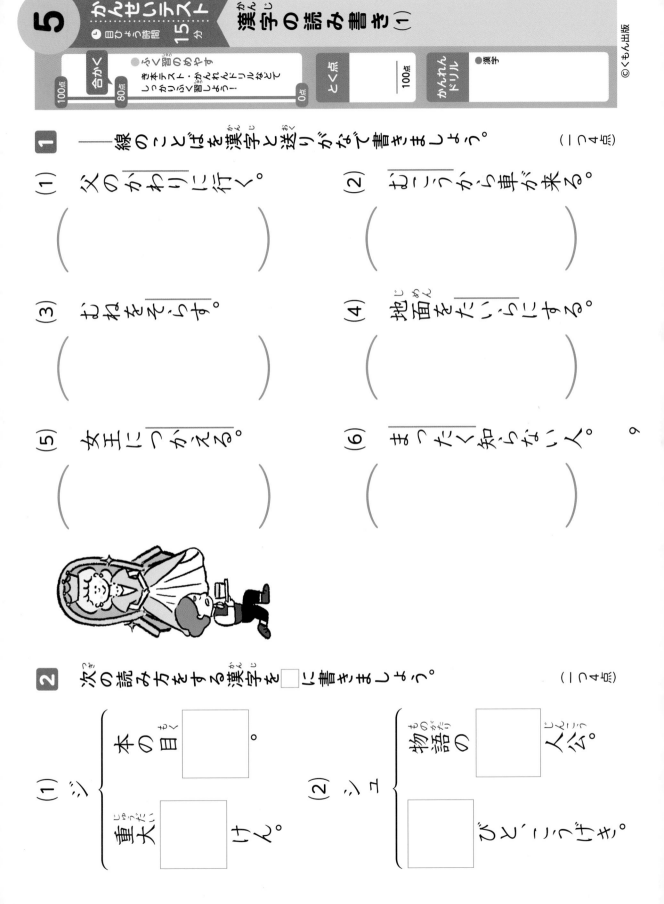

5 かんせいテスト

漢字の読み書き(1)

⏱目ひょう時間 15分

●ふく習のめやす

き本テスト・かんれんドリルなどで
しっかりふく習しよう！

100点 合かく 80点 0点

とく点

100点

かんれん
ドリル

●漢字

©くもん出版

1 ——線のことばを漢字と送りがなで書きましょう。 (一つ4点)

(1) 父のかわりに行く。

（　　　　　　　）

(2) むこうから車が来る。

（　　　　　　　）

(3) むねをそらす。

（　　　　　　　）

(4) 地面をたいらにする。

（　　　　　　　）

(5) 女王につかえる。

（　　　　　　　）

(6) まったく知らない人。

（　　　　　　　）

2 次の読み方をする漢字を□に書きましょう。 (一つ4点)

(1) シ｛ 本の目□。

重大□けん。

(2) シュ｛ 物語の□人公。

□びょうつけ。

9

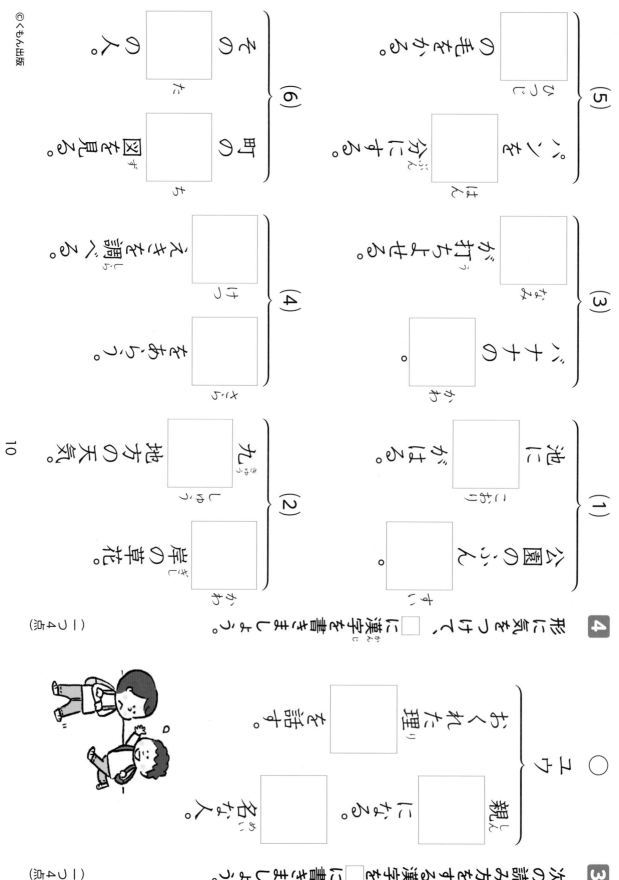

4 形に気をつけて、□に漢字を書きましょう。（1つ4点）

（1） 池に□おり。　公園の□いけ。

（2） □ち方の天気。　九□しゅう地方の草花。

（3） □なみが打ちよせる。　バナナの□かわ。

（4） □けつえきを調べる。　□さらをあらう。

（5） □ひつじの毛をかる。　ごみを□ぶんべつする。

（6） その□たの人。　□まちの図を見る。

3 次の読み方をする漢字を□に書きましょう。（1つ4点）

○ ク

親しい□になる。

おくれた□り になる。

料理を□する。

名を□話す人。

©くもん出版

きほんの問題のチェックだよ。できなかった問題はしっかり学習してから、かんせいテストをやろう！

とく点　　　　／100点

かんれんドリル　●漢字

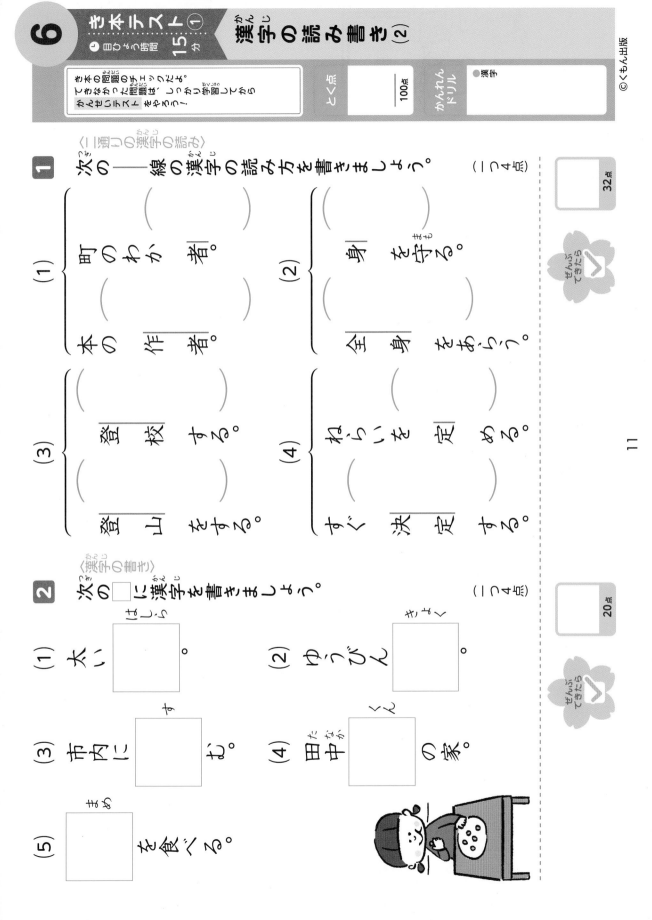

〈二通りの漢字の読み〉

1 次の──線の漢字の読み方を書きましょう。　　　　（一つ4点）

32点

せんぶできたら

(1)
（　　　）町のわか者。
（　　　）本の作者。

(2)
（　　　）身を守る。
（　　　）全身をあらう。

(3)
（　　　）登校する。
（　　　）登山をする。

(4)
（　　　）ねらいを定める。
（　　　）すぐ決定する。

〈漢字の書き〉

2 次の□に漢字を書きましょう。　　　　（一つ4点）

20点

せんぶできたら

(1) 太い　はしら□。

(2) ゆうびん□きょく。

(3) 市内に　す□む。

(4) 田中　くん□の家。

(5) まめ□を食べる。

11

© くもん出版

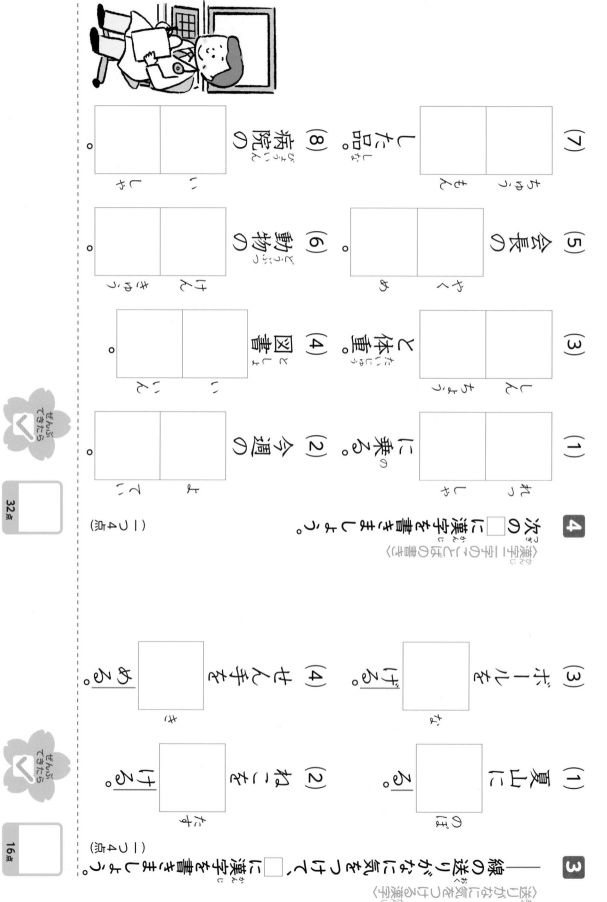

4 次の□に漢字を書きましょう。〈三字のじゅく語〉　　ぜんぶできたら　32点　（1つ4点）

(1) □□に乗（の）る。（れっ・しゃ）

(2) 今週（こんしゅう）の□□。（よ・てい）

(3) □□に来（く）る。（じ・かん）

(4) 図書（としょ）□□。（し・つ）

(5) 会長（かいちょう）の□□。（や・め）

(6) 動物（どうぶつ）の□□。（けん・きゅう）

(7) □□した品（しな）。（ちゅう・もん）

(8) 病院（びょういん）の□□。（に・しゃ）

---

3 ──線の送（おく）りがなに気（き）をつけて、□に漢字を書きましょう。〈送りがなのつく漢字〉　　ぜんぶできたら　16点　（1つ4点）

(1) 夏（なつ）山（やま）に□る。（のぼ）

(2) ねこを□ける。（たす）

(3) ボールを□げる。（な）

(4) せん手を□める。（き）

きほんの問題のチェックだよ。できなかった問題はもう一どしっかり学習してから、かんせいテストをやろう！

とく点 ｜100点

かんれんドリル ●漢字

©くもん出版

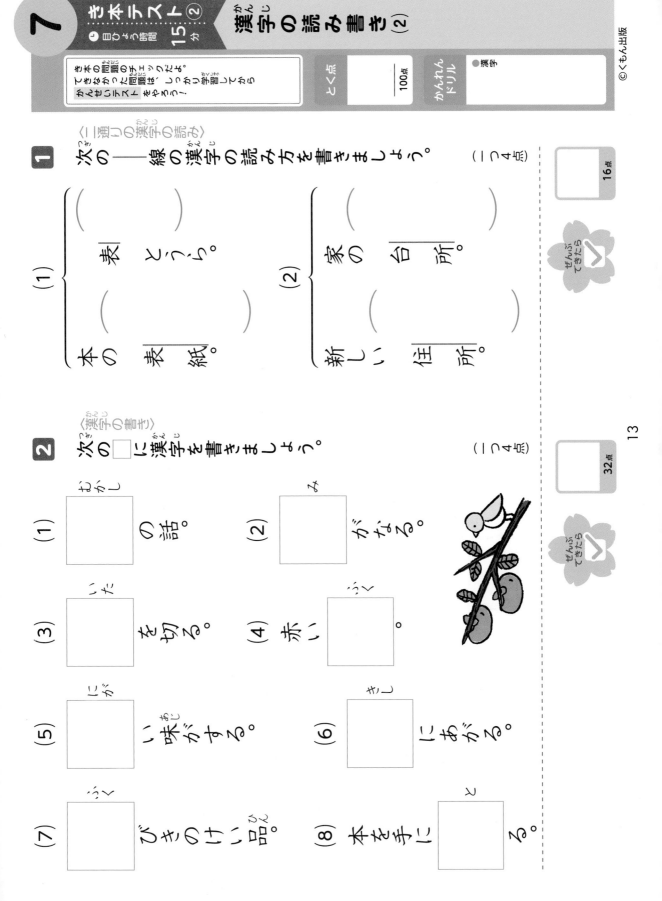

〈二通りの漢字の読み〉

1 次の——線の漢字の読み方を書きましょう。 (一つ4点)

16点

せんぶできたら

(1)
(　　　　)
表 とう ら。

(　　　　)
本 の 表 紙。

(2)
(　　　　)
家 の 台 所。

(　　　　)
新 しい 住 所。

〈漢字の書き〉

2 次の□に漢字を書きましょう。 (一つ4点)

32点

せんぶできたら

(1) ［むかし］ の 話。

(2) ［み］ が なる。

(3) ［えだ］ を 切 る。

(4) 赤 い ［ふく］。

(5) ［にが］ い 味 が する。

(6) ［きし］ に あがる。

(7) ［ふく］ びきの けい 品。

(8) 本 を 手 に ［と］ る。

13

4 次の □ に漢字を書きましょう。
〈漢字の書き取り〉

(一つ4点) 32点

(1) □□ をくにする。

(2) 長いみち□□。

(3) □□ たいくの時間。

(4) 習字のどうぐ□□。

(5) □□ げんじ代。

(6) □□ はしわる。

(7) 歌の□□ はじ

(8) □□ かいじ会をする。

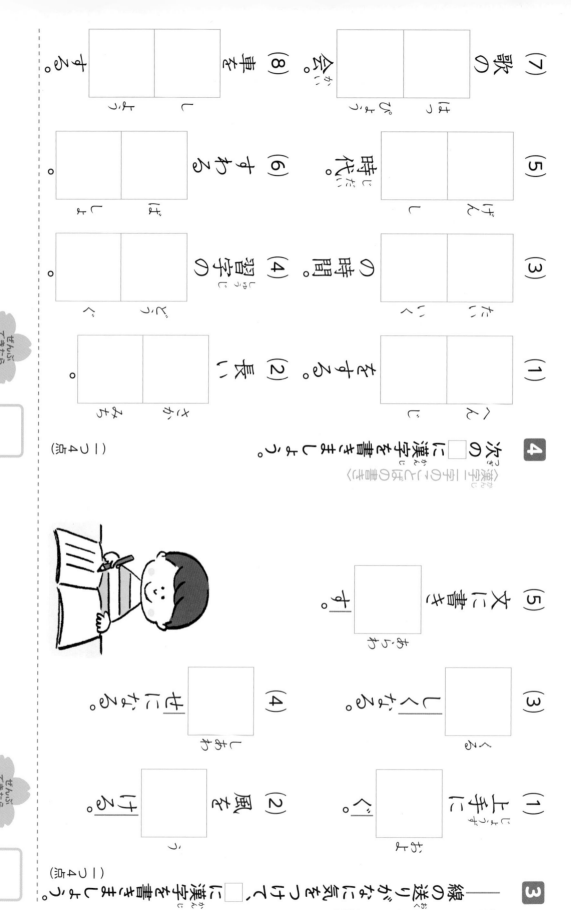

3 ──線の送りがなに気をつけて、□に漢字を書きましょう。
〈送りがなに注意する漢字〉

(一つ4点) 20点

(1) 上手に□□ じょうず く。

(2) 風を□□ とおす。

(3) □□ くらしくなる。

(4) □□ しわ せになる。

(5) 文に書き□□ おわ す。

© くもん出版

8 かんせいテスト
⏱ 目ひょう時間 **15**分
漢字の読み書き(2)

合かく

●ふく習のめやす
見本テスト・かんれんドリルなどで
しっかりふく習しよう！

100点　80点　0点

とく点
| 100点

かんれん
ドリル
●漢字

©くもん出版

1 ──線のことばを漢字と送りがなで書きましょう。　　(1つ4点)

(1) プールで<u>およぐ</u>。

（　　　　　　　　　　）

(2) 委員長を<u>きめる</u>。

（　　　　　　　　　　）

(3) 図に<u>あらわす</u>。

（　　　　　　　　　　）

(4) 息が<u>くるしい</u>。

（　　　　　　　　　　）

(5) 人を<u>たすける</u>。

（　　　　　　　　　　）

(6) <u>しあわせ</u>な気分。

（　　　　　　　　　　）

15

2 次の読み方をする漢字を□に書きましょう。　　(1つ4点)

(1) み ┃ □ の回りの人。

　　　┗ 木の□。

(2) かえ(る) ┃ 家に□る。

　　　　　┗ ひっくり□る。

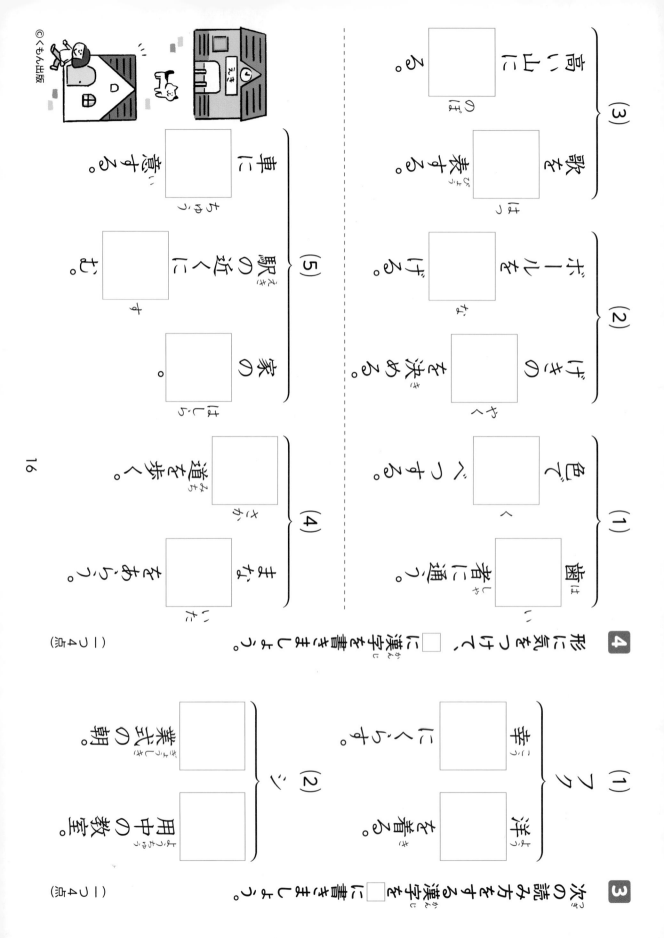

4 形（かたち）に気（き）をつけて、□に漢字（かんじ）を書（か）きましょう。 (1つ4点)

(1)
歯（は）□者（しゃ）に通（かよ）う。
色（いろ）で□べる。

(2)
ボールを□げる。
□けの□を決（き）める。

(3)
高（たか）い山（やま）に□る。
駅（えき）を□す。

(4)
□な道（みち）を歩（ある）く。
□をあらう。

(5)
駅（えき）の近（ちか）くに□む。
家（いえ）の□ら。

車（くるま）に□意（い）する。

3 次（つぎ）の読（よ）み方（かた）をする漢字（かんじ）を□に書（か）きましょう。 (1つ4点)

(1)
コウ　　ヨウ
□せにくらす。
□ふくを着（き）る。

(2)
ジ
美（うつく）しい□。
□中（ちゅう）の教室（きょうしつ）。
卒業式（そつぎょうしき）の朝（あさ）。

16

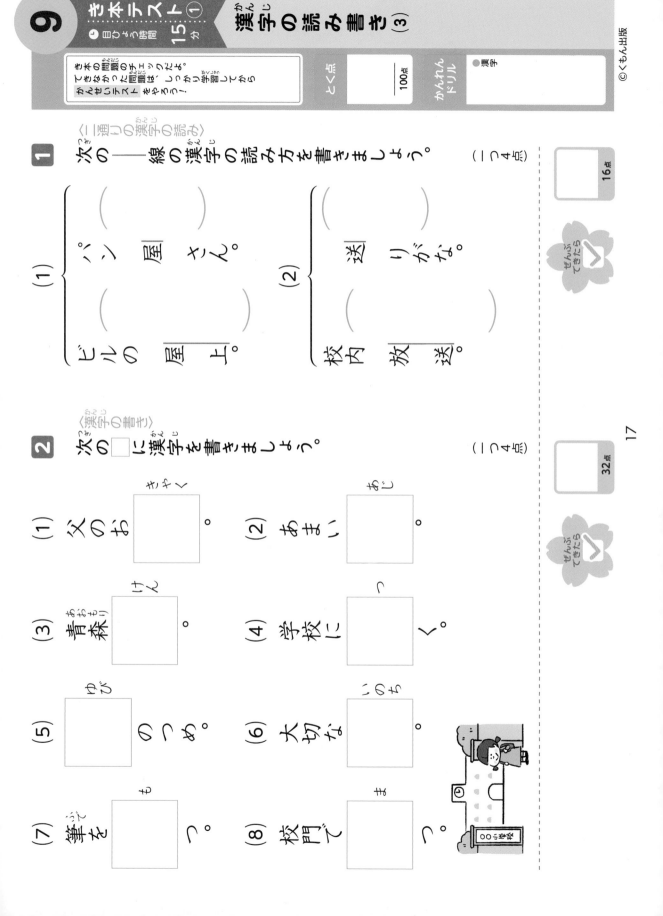

きほんテスト①

⏱目ひょう時間 15分

漢字の読み書き(3)

きほんの問題にチェックされた問題は、もう一度学習してから、かんせいテストをやろう！

とく点 ／100点

かんれんドリル ●漢字

1 〈二通りの漢字の読み〉

次の──線の漢字の読み方を書きましょう。 (一つ4点)

16点

ぜんぶできたら✓

(1)
(　　　) パン屋さん。
(　　　) ビルの屋上。

(2)
(　　　) 送りがな。
(　　　) 校内放送。

2 〈漢字の書き〉

次の□に漢字を書きましょう。 (一つ4点)

32点

ぜんぶできたら✓

(1) 父のお□(せい)。

(2) あまい□(あじ)。

(3) 青森□(けん)おおもり。

(4) 学校に□(つ)く。

(5) □(ゆび)のつめ。

(6) 大切な□(いのち)。

(7) 筆ふでを□(も)つ。

(8) 校門で□(ま)つ。

17

4 次の□に漢字を書きましょう。（１もん４てん） 36点

（1）□□（おへ）に……。

（2）□□（あなら）をかえる。

（3）□□（がきゅう）で遊ぶ。

（4）□□（おも）に重い。

（5）役所の□□（かかり）新聞。

（6）母の□□（きもの）。

（7）□□（いけん）を言う。

（8）□□（しわ）四十年。

（9）電車の□□（しに）にのせます。

3 ——線の送りがなに気をつけて、□に漢字を書きましょう。（１もん４てん） 16点

（1）学校へ□（い）く。

（2）戸を開□け（はな）す。

（3）駅まで見□（へ）る。

（4）読み物を□（あじ）わう。

□（わ）う。

もきな本でのてき問な題かのった手問ひ題きはにしっはかりエ学ッし直クてしから、てかんせいテストをやろう！

とく点 ／100点

かんれんドリル ●漢字
©くもん出版

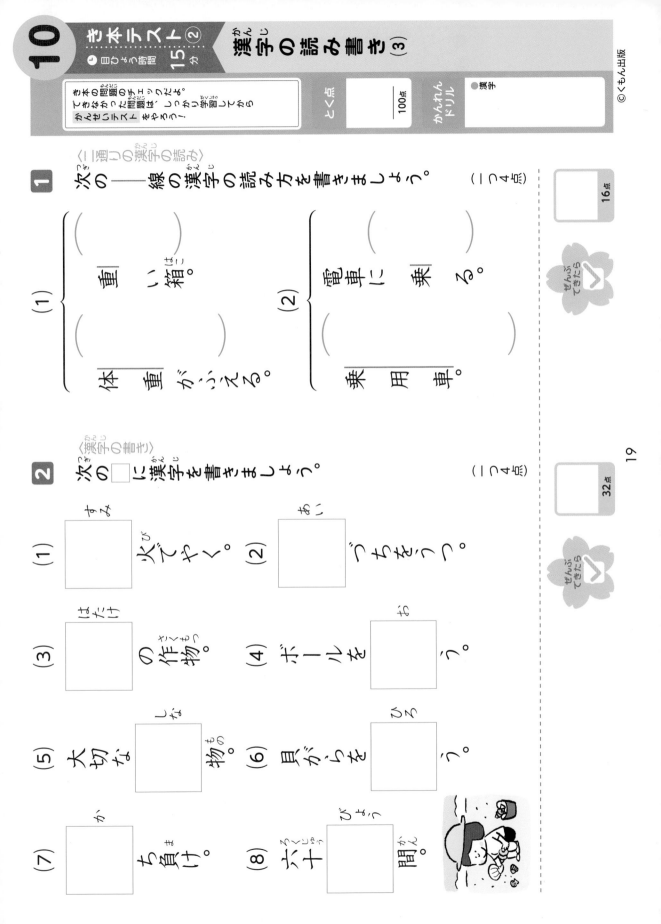

1 〈二通りの漢字の読み〉 次の──線の漢字の読み方を書きましょう。 （一つ4点） 16点 せんぶできたら

(1) （　　　） 重い箱。
　　 （　　　） 体重がふえる。

(2) （　　　） 電車に乗る。
　　 （　　　） 乗用車。

2 〈漢字の書き〉 次の□に漢字を書きましょう。 （一つ4点） 32点 せんぶできたら

(1) すみ 火ばし。

(2) おに ごっこをする。

(3) はたけ の作物。

(4) ボールを おう。

(5) 大切な しな 物。

(6) 貝がらを ひろ う。

(7) か ち負け。

(8) 六十 びょう 間。

19

4 次の□に二年生でならった漢字を書きましょう。
〈漢字二年のしんだん〉

（1つ4点）　36点　ぜんぶできたら🌸

(9)
□□がつかない。
（しょ・じ）

(7) 店の□□。
（しょ・ひん）

(8) 父に□□する。
（そう・だん）

(5) □□。
（じ・しん）

(6) 部屋の□□の祭り。
（おん・ど）

(3) □□が当たる。
（よ・そう）

(4) 白い□□。
（ちょう・へい）

(1) □□をはじめる。
（じ・めん）

(2) バスの□□。
（じょう・きゃく）

---

3 ──線の送りがなに気をつけて、□に漢字を書きましょう。
〈送りがなに気をつける漢字〉

（1つ4点）　16点　ぜんぶできたら🌸

(3) □に花。
（へび）

(1) テキに□る。
（まける）

(4) 水が□れる。
（あふ／あたた）

(2) 新聞を□る。
（くばる）

□まる。

●ふく習のめやす

合かく

100点　80点　0点

き本テスト・かんれんドリルなどでしっかりふく習しよう！

とく点

／100点

かんれんドリル

●漢字

©くもん出版

1 ——線のことばを漢字と送りがなで書きましょう。 (一つ4点)

(1) 駅えきく〔 〕。

(2) 試合にまける。

（　　　　　　　　　　）

（　　　　　　　　　　）

(3) 皿さらをかさねる。

(4) りょう理をあじわう。

（　　　　　　　　　　）

（　　　　　　　　　　）

(5) うつくしい絵。

(6) スープをあたためる。

（　　　　　　　　　　）

（　　　　　　　　　　）

21

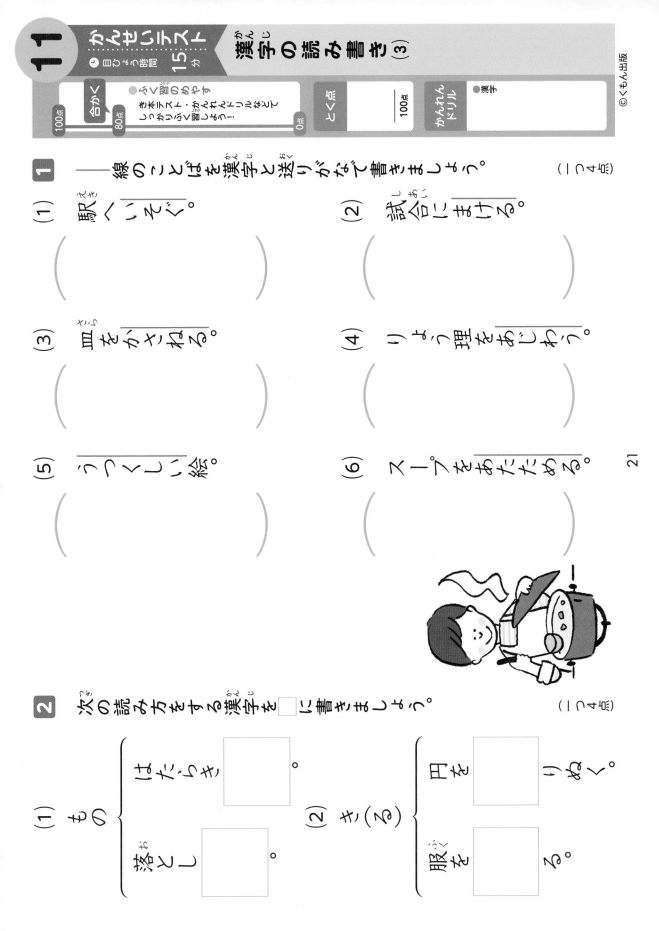

2 次つぎの読み方をする漢字を□に書きましょう。 (一つ4点)

(1) もの
　{　はたらき□。
　　落おとし□。

(2) き(る)
　{　円を□りぬく。
　　服ふくを□る。

4 形に気をつけて、□に漢字を書きましょう。　(1つ4点)

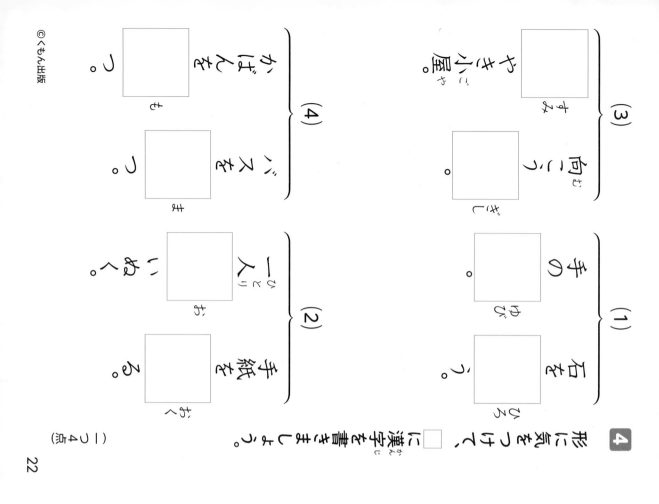

(1) 石を□（ひろ）う。　手の□（ゆび）。

(2) 手紙を□（おく）る。　一□（ひと）り□（い）ぬ。

(3) □（すみ）やき小屋。　向□（む）かい□（あ）う。

(4) □（も）ちかばんを□（も）つ。　ジュースを□（ま）ぜる。

3 次の読み方をする漢字を□に書きましょう。　(1つ4点)

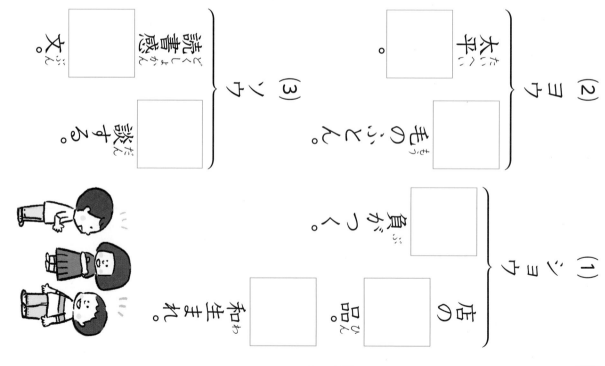

(1) ショウ
　□負（ぶ）がつく。
　店の□品（ひん）。
　□和（わ）生まれ。

(2) ヨウ
　太平□。
　毛の□分（ぶん）。

(3) ソウ
　読書感□文（ぶん）。
　□談（だん）する。

き本の問題のチェックだよ。できなかった問題は、しっかり学習してから**かんせいテスト**をやろう！

とく点 | /100点

かんれんドリル ●漢字

〈一通りの漢字の読み〉

1 次の――線の漢字の読み方を書きましょう。 (一つ4点)

16点

せんぶできたら ▽

(1)
紙を　配（　　）る。

（　　）
□配（くば）る。

(2)
お湯を　流（　　）す。

川の　上流（　　）。

〈漢字の書き〉

2 次の□に漢字を書きましょう。 (一つ4点)

32点

せんぶできたら ▽

(1) ［きゅう］ □をすう。

(2) 太平洋（たいへいよう）の ［しま］ □。

(3) 木の ［ね］ □。

(4) 外国のお ［ゆけ］ □。

(5) 二 ［はこ］ □の重（おも）さ。

(6) お ［みや］ □まいり。

(7) 車の ［はや］ □さ。

(8) ［にわ］ □の池。

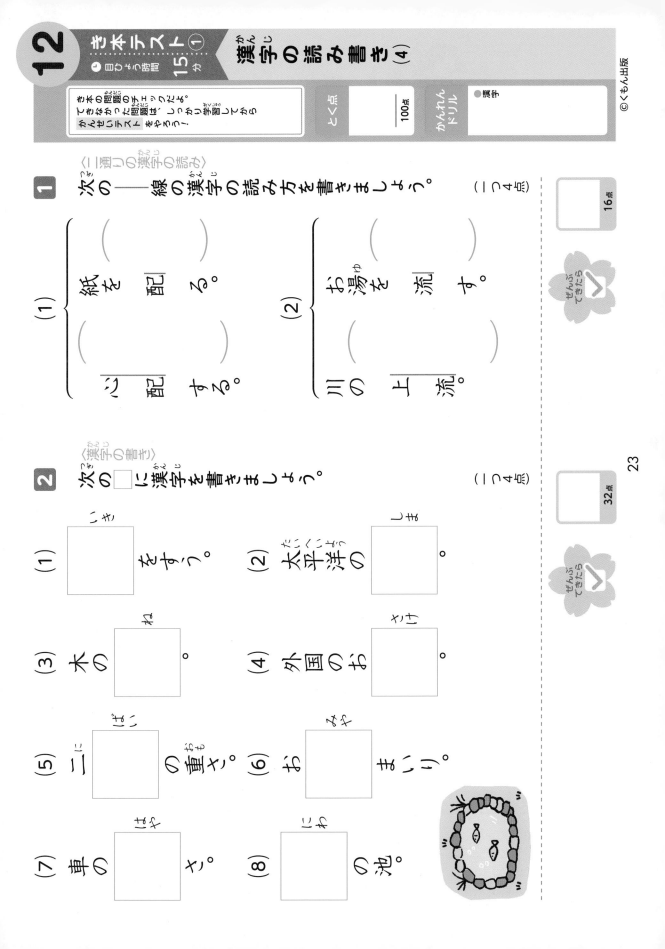

4 次の□に漢字を書きましょう。〈漢字のしゅつ〉

36点　（1つ4点）

(1) □□が。　（きゃく）

(2) 明るい□□。　（あか／が）

(3) □□に。　（こう／てん）

(4) □□チーム。　（きゅう）
で遊ぶ。

(5) □□か。　（しょう）

(6) 国語の□□。　（れん／しゅう）

(7) □□の葉は。　（だい／に）

(8) □□しゅがく。　（しゅう／がくり）

(9) □□を通う。　（びょう／つう）

3 ——線の送りがなに気をつけて、□に漢字を書きましょう。〈漢字と送りがな〉

16点　（1つ4点）

(1) 川の□れ。　（なが）

(2) 朝六時に□きる。　（お）

(3) 天気が□い。　（わる）

(4) プリントを□る。　（くば）

● 目ひょう時間　15分

てき本の問題のチェックだよ。
できなかった問題はしっかり学習してから
かんせいテストをやろう！

とく点 ／100点

かんれんドリル
●漢字

© くもん出版

〈一通りの漢字の読み〉

1 次の——線の漢字の読み方を書きましょう。　　（一つ4点）

16点

せんぶできたら ✓

(1)
（　　　　）古い　都。

（　　　　）都合 がよい。

(2)
（　　　　）すばやい 動き。

（　　　　）手足の 運動。

〈漢字の書き〉

2 次の□に漢字を書きましょう。　　（一つ4点）

32点

せんぶできたら ✓

(1) ［つえ］をつく。

(2) 字を［なら］う。

(3) ［だい］一回大会。

(4) 前へ［すす］む。

(5) ［ぶん］でぬる。

(6) 体重が［かる］い。

(7) 道で［ころ］ぶ。

(8) ［どう］一しょう。

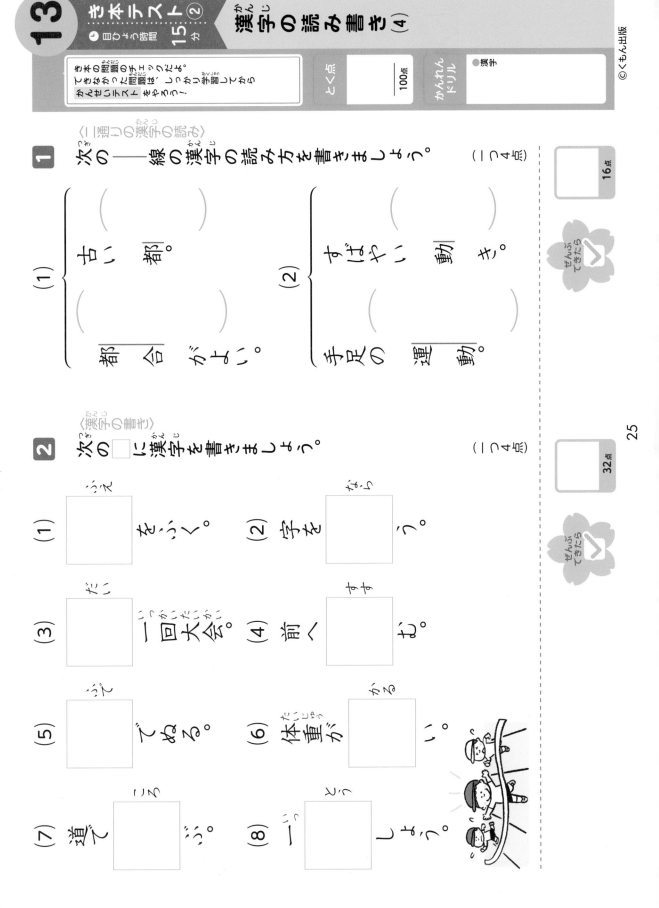

26

4

〈漢字の〈にもつ書き〉〉

次の□に漢字を書きましょう。

1つ4点　36点

(1) □□ を読む。（じ・しん）

(2) 入場 □□。（こう・ばん）

(3) 外国の □□。（と・かい）

(4) □□ を読む。（し・しょう）

(5) テレビの □□。（て・ちょう）

(6) 歌の □□。（れん・しゅう）

(7) □□ ドア。（じ・どう）

(8) 車の □□。（ぶ・ひん）

(9) 算数の □□。（しゅく・だい）

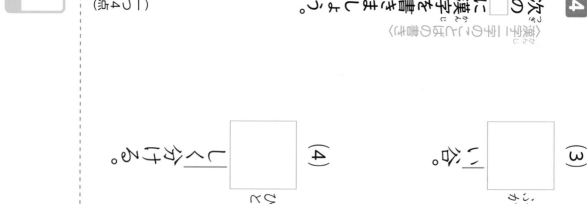

3

〈送りがなにちゅういする漢字〉

── 線の送りがなに気をつけて、□に漢字を書きましょう。

1つ4点　16点

(1) ひ□り。（まし）

(2) 本を読み □わる。（お）

(3) □じ。（おな）

(4) □しく分ける。（ひと）

© くもん出版

ふく習のめやす

100点 合かく 80点 0点

本テスト・かんれんドリルなどでしっかりふく習しましょう！

とく点

/100点

かんれんドリル ●漢字

1 ——線のことばを漢字と送りがなで書きましょう。 （1つ4点）

(1) じゅ業が<u>おわる</u>。

（　　　　　　　　　）

(2) 朝早く<u>おきる</u>。

（　　　　　　　　　）

(3) 市の<u>まつり</u>。

（　　　　　　　　　）

(4) 水が<u>ながれる</u>。

（　　　　　　　　　）

(5) <u>ふかい</u>海。

（　　　　　　　　　）

(6) 数が<u>ひとしい</u>。

（　　　　　　　　　）

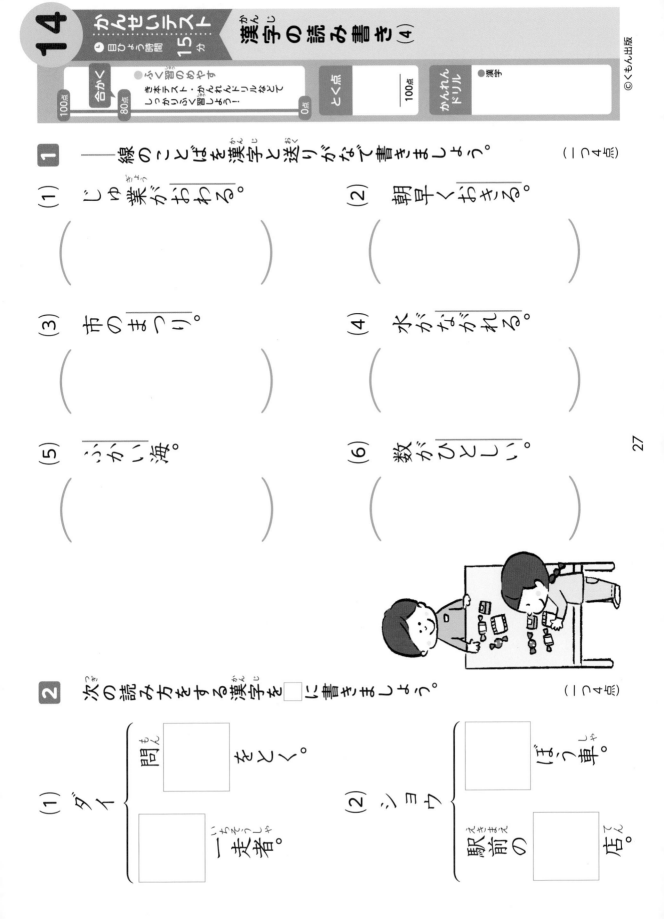

2 次の読み方をする漢字を□に書きましょう。 （1つ4点）

(1) ダイ
　　　{ 問［　　］をとく。
　　　{ 一［　　］走者。

(2) ショウ
　　　{ ［　　］車。
　　　{ 駅前の［　　］店。

27

28

4
形に気をつけて、□に漢字を書きましょう。(1つ4点)

(1)
五（ご）人（にん）家（か）□。
外国（がいこく）へ行（い）く。

(2)
カードを□（は）る。
□（しゅ）ぶんこう。

(3)
ひなくれん□。
木（き）にせん（せん）を引（ひ）く。

(4)
南（みなみ）の□（しま）。
青（あお）い□（とり）。

(5)
ビー玉（だま）を□（ころ）がす。
□に荷物（にもつ）。

(6)
文（ぶん）を□（しょ）く。
楽（たの）しい□（はな）し。

3
次の読み方をする漢字を□に書きましょう。(1つ4点)

○ ジュウ
今（こん）□、遠足がある。
算数の学（がく）□。
バスの□点（てん）。

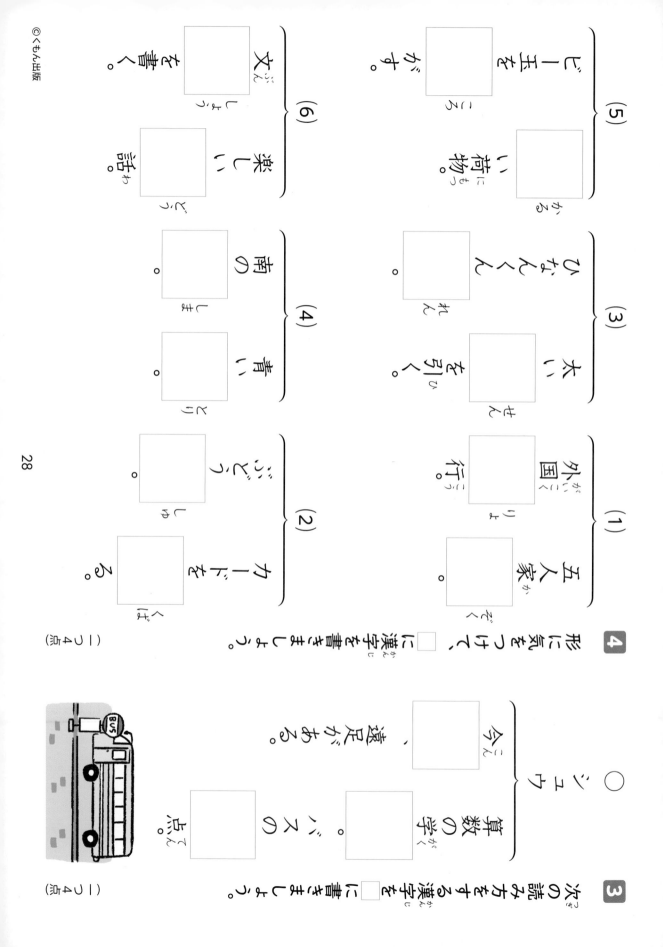

©くもん出版

きほんテストは、その回の手本の問題のチェックだよ。できなかった問題はしっかり学習してから、かんせいテストをやろう！

とく点	
	／100点

かんれんドリル　●漢字

1 〈二通りの漢字の読み〉

次の――線の漢字の読み方を書きましょう。　（一つ4点）

16点

ぜんぶできたら🌸

(1)
（　　　　）
問いかける。

（　　　　）
し問する。

(2)
（　　　　）
まどを開ける。

（　　　　）
開会式。

2 〈漢字の書き〉

次の□に漢字を書きましょう。　（一つ4点）

32点

ぜんぶできたら🌸

(1) □(は)　をみがく。

(2) 水を□(の)　む。

(3) 急(きゅう)な□(さか)　だん。

(4) 緑(みどり)の□(は)　っぱ。

(5) お□(ゆ)　を注(そそ)ぐ。

(6) 弟と□(あそ)　ぶ。

(7) □(みなと)　の船(ふね)。

(8) 広い□(みずうみ)　。

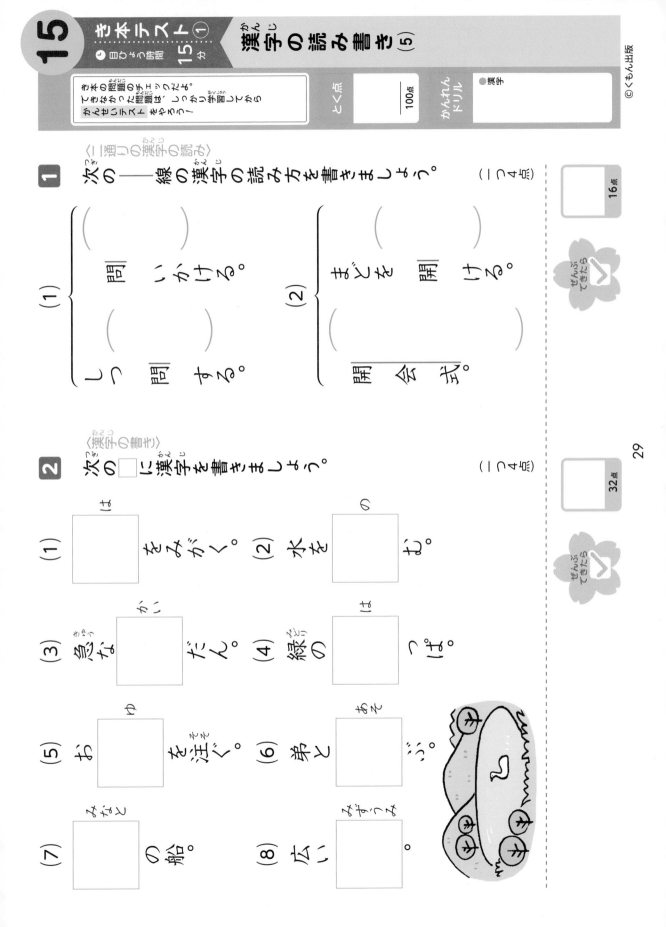

29

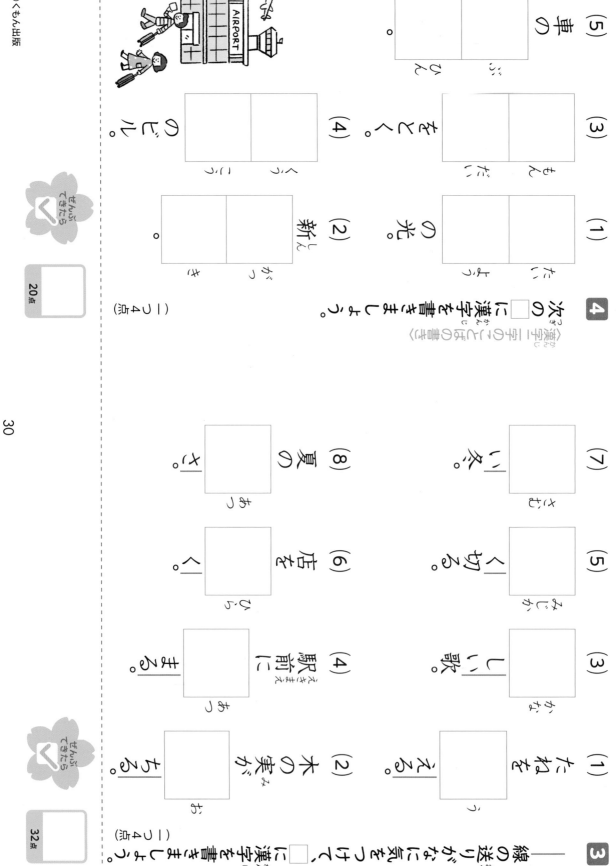

4 （漢字（二）の書き）

次の□に漢字を書きましょう。　（1つ4点）　20点

（1）□□の光。

（2）新□□。

（3）□□をへだてる。

（5）車の□□。

ぜんぶできたら

---

3 （送りがなのつく漢字）

——線の送りがなに気をつけて、□に漢字を書きましょう。　（1つ4点）　32点

（1）たねを□える。

（2）木の実が□ちる。

（3）□になる歌。

（4）駅前に□まる。

（5）□く切る。

（6）店を□く。

（7）□。

（8）夏の□さ。

ぜんぶできたら

きほんの問題のチェックだよ。
できなかった問題は、しっかり学習してから
かんせいテストをやろう！

とく点　　　　／100点

かんれんドリル　　●漢字

1　〈二通りの漢字の読み〉

次の——線の漢字の読み方を書きましょう。　（一つ4点）

16点　せんぶできたら

(1)
（　　　　　）
長い　橋。

（　　　　　）
歩道橋。

(2)
（　　　　　）
本で　調べる。

（　　　　　）
体の　調子。

2　〈漢字の書き〉

次の□に漢字を書きましょう。　（一つ4点）

32点　せんぶできたら

(1) は な
□　声に　なる。

(2) は こ
小さな　□。

(3) し
□を書く。

(4) えき
となりの　□。

(5) よ り
□を見る。

(6) たい かん
体育□。

(7) 飲みぐすり
□。

(8) みどり
□色に。

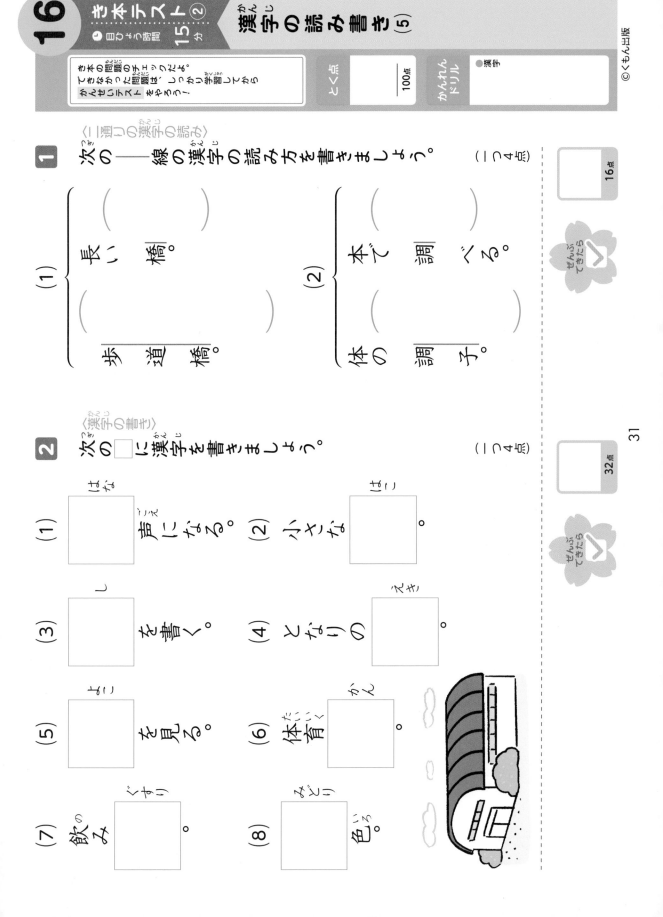

© くもん出版

4 次の□に漢字を書きましょう。（漢字の二つの書き）　40点（1つ4点）

（1）楽（たの）な□□。（ちょうし）

（2）□□と家来（けらい）。（おうさま）

（3）□□を話（はな）す。（かんそう）

（4）近（ちか）くの□□。（こうえん）

（5）□□を習（なら）う。（かんじ）

（6）駅前（えきまえ）の□□。（しょてん）

（7）高速（こうそく）□□。（どうろ）

（8）□□をわたる。（おうだん）

（9）広（ひろ）い□□をする。（せいそう）

（10）本を□□する。（せいり）

ぜんぶできたら ✿

3 ――線の送（おく）りがなに気をつけて、□に漢字を書きましょう。（漢字と送りがな）　12点（1つ4点）

（1）□森（もり）。（くら）

（2）かみの毛を□える。（ととの）

（3）地図（ちず）で□べる。（しら）

ぜんぶできたら ✿

17 かんせいテスト
⏱目ひょう時間 15分

漢字の読み書き(5)

●ふく習のめやす
きほんテスト・かんれんドリルなどで
しっかりふく習しよう!

合かく
100点 80点 0点

とく点
100点

かんれん
ドリル
●漢字

©くもん出版

1 ──線のことばを漢字と送りがなで書きましょう。 (一つ4点)

(1) 木を<u>うえる</u>。

（ 　　　　　　　 ）

(2) 広場に<u>あつまる</u>。

（ 　　　　　　　 ）

(3) <u>かなしい</u>物語。

（ 　　　　　　　 ）

(4) 服そうを<u>ととのえる</u>。

（ 　　　　　　　 ）

33

2 反対のことばを漢字と送りがなで書きましょう。 (一つ4点)

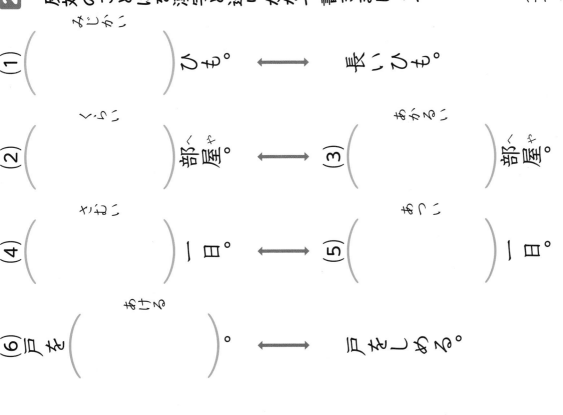

(1) （みじかい　　　　　）ひも。 ⟷ 長いひも。

(2) （くらい　　　　　）部屋。 ⟷ (3) （あかるい　　　　　）部屋。

(4) （さむい　　　　　）一日。 ⟷ (5) （あつい　　　　　）一日。

(6) 戸を（あ　ける　　　　　）。 ⟷ 戸をしめる。

4 形に気をつけて □に漢字を書きましょう。
（1つ4点）

(1)
細かい □ の数。
二 □ に気をつけて分ける。

(2)
□ を飲む。
□ し曲がる。

(3)
□ を読む。
公園で □ つ。

(4)
お □ をわかす。
大 □ がのぼる。

34

3 次の読み方をする漢字を □に書きましょう。
（1つ4点）

(1)
カンジ を書く。
読書 感想文。
町の図書 □。

(2)
は □ 木の。
医者。

(3)
あ（ける）
□ を目を □ ける。
夜が □ ける。

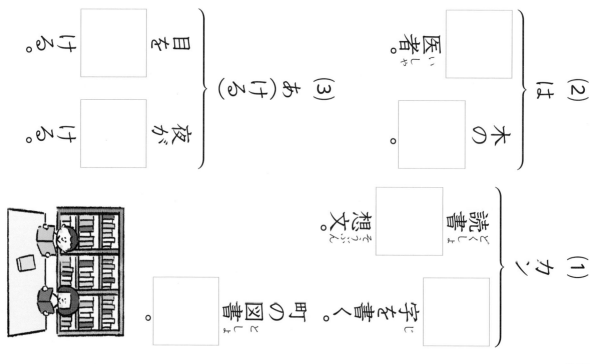

きほんの問題のチェックだよ。できなかった問題はもう一どしっかり学習してから、かんせいテストをやろう！

とく点　　　100点

●言葉と文
かんれんドリル
73・74ページ　57・58ページ
61・62ページ

©くもん出版

1 次の文の「何が(は)」にあたることば(主語)を書きましょう。

（一つ6点）　30点

〈れい〉　魚が　泳ぐ。（魚が）

(1)　犬が　走る。　　（　　　）

(2)　花が　きれいだ。　（　　　）

(3)　からすは　鳥だ。　（　　　）

(4)　森は　しずかだ。　（　　　）

(5)　ねこが　ニャーンと　鳴く。（　　　）

せんぶできたら

57ページ　言葉と文

2 次の文の「どうする」「どんなだ」「何だ」にあたることば(述語)を書きましょう。

（一つ5点）　20点

〈れい〉　弟が　本を　読む。（読む）

(1)　兄が　学校に　行く。　（　　　）

(2)　今度の　波は　大きい。　（　　　）

(3)　あれは　青の　しん号だ。（　　　）

(4)　母が　野さいを　買う。　（　　　）

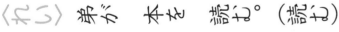

せんぶできたら

58ページ　言葉と文

4 ——線のいい方を、ていねいな言い方に書きかえましょう。

(1つ4点)

言葉と文 73・74ページ ／ ぜんぶできたら ／ 20点

〈れい〉 学校から帰る。→ 帰ります。

(1) 電話番号を調べる。→ （　　　　　）

(2) 読書感想文を書く。→ （　　　　　）

(3) しん号の色がかわる。→ （　　　　　）

(4) 声をそろえて歌おう。→ （　　　　　）

(5) ねこはかっていない。→ （　　　　　）

3 □の言葉が（修飾）語がくわしくしている言葉を書きましょう。

(1つ5点)

言葉と文 61・62ページ ／ ぜんぶできたら ／ 30点

(1) 〈れい〉 白い 花が さく。→ （花）

① 高い 木を 見上げる。→ （　　　　）

② 大きな 石を 拾う。→ （　　　　）

③ 新しい 服を 買った。→ （　　　　）

(2) 〈れい〉 風船が ふわふわ とんだ。→ （とんだ）

① 星が きらきら 光る。→ （　　　　）

② 雨が ざあざあ ふる。→ （　　　　）

③ 牛が ゆっくり 歩く。→ （　　　　）

●ふく習のめやす
きほんテスト・かんたんテストなどで しっかりふく習しよう!

合かく
100点　80点　0点

とく点　100点

かんれんドリル　●言葉と文
7357・7458ページ　61・62ページ

©くもん出版

1 次の文の主語を（　）に述語を〔　〕に書きましょう。　(1つ6点)

(1) 二羽のつばめが、ものすごい速さでとんできた。

主語（　　　　　）　述語〔　　　　　〕

(2) 赤ちゃんをだいた女の人が、バスに乗ってきた。

主語（　　　　　）　述語〔　　　　　〕

(3) 今にもなきだしそうな顔で、弟は兄の方を見た。

主語（　　　　　）　述語〔　　　　　〕

37

2 ◻のことば（修飾語）がくわしくしていることばを書きましょう。　(1つ5点)

(1) 犬が、ぐんぐんにおいをかいだ。

（　　　　　）

(2) 夜、とつぜん、電話のベルが鳴った。

（　　　　　）

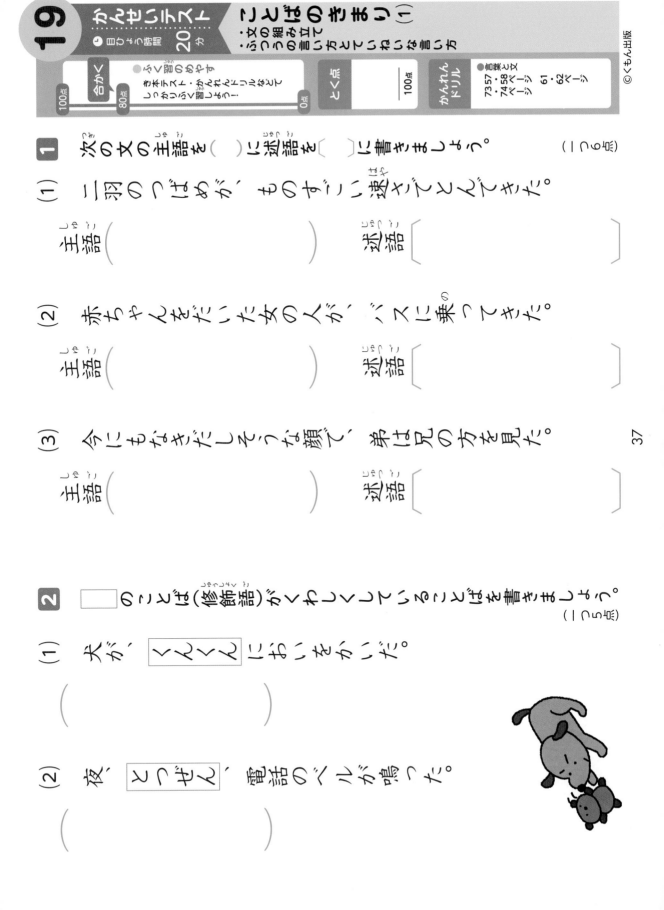

3 次の──線の言葉が、どの言葉をくわしくしているかがわかるように、□の（修飾）語とかざられる言葉を書きましょう。(1もん5点)

(1) ［体の大きい］ねこが、しずかに、へやへ入ってきました。
（　　　　　　　　）

(2) ほりの上に、［のぼる］お月さまが、
（　　　　　　　　）

(3) お母さんの方から、大きな［荷物を持った］おばあさんがやってきました。
（　　　　　　　　）

4 ──線のいい方を、ふつうの言い方はていねいな言い方に、ていねいな言い方はふつうの言い方にして、書きかえましょう。(1もん5点)

(1) 友だちと公園で遊んだ。→
（　　　　　　　　）

(2) ぼうしを取りました。→
（　　　　　　　　）

(3) すべて答えがわかった。→
（　　　　　　　　）

(4) 早く本を買いに行こう。→
（　　　　　　　　）

(5) あそこが、図書館です。→
（　　　　　　　　）

(6) 駅までの道を知らない。→
（　　　　　　　　）

⏱ 目ひょう時間 **20**分

きほんの問題のチェックだよ。できなかった問題は、もういちど学習してから、かんせいテストをやろう！

とく点　　/100点

© くもん出版

かんれんドリル
●言葉と文
5〜8ページ
25・26ページ

〈まとめて言う言い方〉

1 〔　〕のなかまをひとまとめにした言い方を □ からえらんで、（　）に書きましょう。　（1つ7点）

14点

せんぶできたら ✓

言葉と文 5・6ページ

(1) 〔 レタス・キャベツ・にんじん 〕（　　　　　）

(2) 〔 ひらめ・めだか・たい 〕（　　　　　）

┄┄┄┄┄┄┄┄┄┄┄┄┄┄┄┄┄┄
鳥・魚・野さい・乗り物
┄┄┄┄┄┄┄┄┄┄┄┄┄┄┄┄┄┄

〈まとめて言う言い方〉

2 □ に合うことばを、後の □ からえらんで書きましょう。　（1つ6点）

24点

せんぶできたら ✓

言葉と文 5・6ページ

39

```
                        ┌─ バナナ
          ┌─ くだもの ──┼─ (1)
          │             └─ (2)
食べ物 ───┤
          │             ┌─ キャラメル
          └─ (4) ──────┤
                        ├─ せんべい
                        └─ (3)
```

┄┄┄┄┄┄┄┄┄┄┄┄┄┄┄┄┄┄┄┄┄
りんご・ケーキ・おかし・ぶどう
┄┄┄┄┄┄┄┄┄┄┄┄┄┄┄┄┄┄┄┄┄

40

5

〈国語辞典で 三分の二 引けたら ○〉

——線の ことばを、国語辞典に 出ている 形(言い切りの 形)に なおして 書きましょう。(一つ8点)

〈れい〉 花が 赤く なる。(赤い)
　　　　話を 聞いた。(聞く)

(1) 弟と トランプを して 遊んだ。
（　　　　　）

(2) 夕方、急いで 家に 帰った。
（　　　　　）

(3) 去年より せが 高く なった。
（　　　　　）

(4) 先生に しかられて かなしかった。
（　　　　　）

言葉と文 26ページ　　せんぶできたら　　32点

4

〈国語辞典で 三分の二 引けたら ○〉

国語辞典に 出ている じゅんに、出てくる ことばの 番号を つけましょう。(全部できて一つ6点)

(1)
か（　　）
こい（　　）
ふね（　　）

(2)
はし（　　）
はじ（　　）
はしゃ（　　）

言葉と文 25ページ　　せんぶできたら　　12点

3

〈言葉のきまり〉

次の ことばを 組み合わせて、一つの ことばを 作りましょう。(一つ6点)

〈れい〉動き + 回る → 動き回る

(1) おす + 出す → （　　　　　）

(2) 切る + 分ける → （　　　　　）

(3) 起きる + 上がる → （　　　　　）

言葉と文 7・8ページ　　せんぶできたら　　18点

きほんの問題のチェックだよ。できなかった問題は、しっかり学習してから かんせいテスト をやろう！

とく点

／100点

かんれんドリル

●言葉と文
67〜72ページ

© くもん出版

41

〈つなぎことば〉

1 〔 だから・しかし 〕のうち（ ）に合うことばを書きましょう。
（1つ8点）

24点

🌸ぜんぶできたら

⏱言葉と文 71・72ページ

(1) 花のたねを植えた。（　　　　　　）、まだ、め が出ていない。

(2) 雨の日がつづいた。（　　　　　　）、川の水が ふえた。

(3) 図書館へ行った。（　　　　　　）、今日は休み で入れなかった。

〈つなぎことばの使い方〉

2 絵を見て、次のことばにつづく文を作りましょう。
（1つ10点）

20点

🌸ぜんぶできたら

⏱言葉と文 71・72ページ

(1)

(1) 毎日、字を書く練習をした。

そ れ で、_____

(2)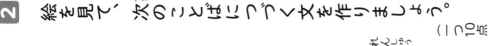

(2) 家族で、ハイキングに行った。

で も、_____

© くもん出版

4 次の □ の ことばが さして いる ことばを 書きましょう。（一つ10点）

言葉と文　69・70ページ　ぜんぶできたら○　40点

(1) 昨日の日、港へ 行った。
　　そこ で 大きな タンカーを
　　見た。

（　　　　　　　　）

(2) 家族で すいぞくかんに 行った。
　　その 中に いろいろの 魚が いた。

（　　　　　　　　）

(3) ぼくは、ぼくへの おくりものの
　　箱を 開けた。
　　その 中には ほうせん……

（　　　　　　　　）

(4) 新しい くつを 買って もらった。
　　明日、それ を はいて
　　出かけよう。

（　　　　　　　　）

3 後の □ の ことばを、「それ・その・そこ」の どれかに 書きかえます。あてはまる ことばに 書きかえましょう。（一つ8点）

言葉と文　67・68ページ　ぜんぶできたら○　16点

(1) 夕方、近くの 公園で 山田君たちが 遊んで いる。公園 の 近くの……

　　〔 それ ・ その ・ そこ 〕

(2) 弟が スケッチブックを 持って きた。スケッチブック の 中を 見たら、金魚が 深くに およいで いた。

　　〔 それ ・ その ・ そこ 〕

●ふく習のめやす

本テスト・かんれんドリルなどで　しっかりふく習しましょう！

100点　合かく　80点　　　0点

とく点　　/100点

かんれんドリル
●言葉と文
67〜72ページ
5・25・26ページ

© くもん出版

1 (1)〜(5)の □ に合うことばを、後の ┊┄┊ からえらんで書きましょう。

(1つ6点)

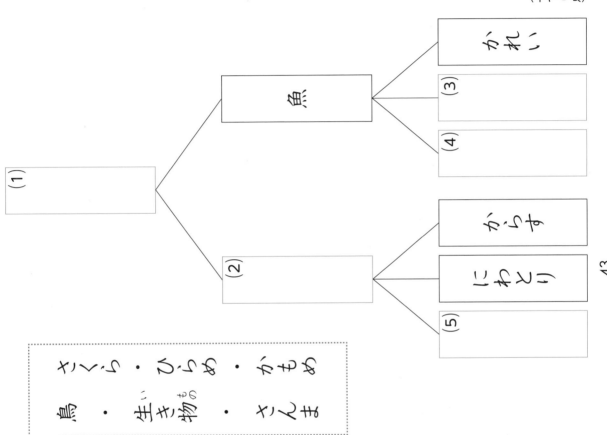

```
                           ┌─────────┐
                           │  かれい  │
              ┌────────┐   ├─────────┤
              │   魚    │──│  (3)    │
              └────────┘   ├─────────┤
   ┌────────┐   │           │  (4)    │
   │  (1)   │──┤           └─────────┘
   └────────┘   │           ┌─────────┐
              ┌────────┐   │  からす  │
              │  (2)   │──├─────────┤
              └────────┘   │  にわとり │
                           ├─────────┤
                           │  (5)    │
                           └─────────┘
```

┊┄┄┄┄┄┄┄┄┄┄┄┄┄┄┄┄┄┄┄┄┄┄┄┄┄┄┄┄┄┊
┊　さけら・ひらめ・かもめ　　┊
┊　鳥・生き物・さんま　　　　┊
┊┄┄┄┄┄┄┄┄┄┄┄┄┄┄┄┄┄┄┄┄┄┄┄┄┄┄┄┄┄┊

2 次のことばを組み合わせて、１つのことばを作りましょう。

(1つ6点)

(1) 向かう ＋ 合う ⟶ (　　　　　　)

(2) 進む ＋ 始める ⟶ (　　　　　　)

(3) 転げる ＋ 落ちる ⟶ (　　　　　　)

⑤ 次の□の中のことばが、さしている部分に――線を引きましょう。
（1つ10点）

⟨れい⟩

(1) 庭に赤い花がさいた。それに水をかけた。

(2) 公園の前に九時に集まることになった。ぼくが九時にそこに行ったら、友だちはもう公園の前に集まっていた。みんなであいさつをした。それからみんなで出発した。

44

---

④ 次の□の中に合うことばを、後の[ ]からえらんで、書きましょう。（1つ9点）

(1) 空が暗くなって、□、大つぶの雨がふってきた。
[しかし・それで・すると]

(2) 雨がふりだした。□、風もふいてきた。
[また・それで・そのうえ]

(3) 雨がザーザーふってきた。□、兄は出かけた。
[また・それで・もし]

---

③ 国語辞典に出ているじゅんにならんでいるように、番号をつけましょう。
（全部できて1つ12点）

(1) ( )よこ　( )よなか　( )よこい

(2) ( )ゆうだけ　( )ゆうがた　( )ゆうかん

ことばのきまり (3)
・ローマ字

とくてん

| /100点 |

© くもん出版

1 《ローマ字の読み》
読み方をひらがなで書きましょう。 (1つ2点)

(1) ma （ ま ） ── uma （ ）── kuma （ ）

(2) ne （ ）── ane （ ）── kane （ ）

(3) mo （ ）── imo （ ）── himo （ ）

18点

ぜんぶできたら →

言葉と文 27 ページ

2 《ローマ字の読み》
読み方をひらがなで書きましょう。 (1つ5点)

(1) kaeru （ か ）

(2) sakura （ ）

(3) isya （ ）

(4) tyawan （ ）

(5) hûsen （ ）

(6) rappa （ ）

(7) omotya （ ）

(8) ningyô （ ）

40点

ぜんぶできたら →

言葉と文 27〜32 ページ

3 〈ローマ字の書き表し方〉
書き表し方の正しい方に、○をつけましょう。

（1つ5点）

（1）くま

( ) kuma
( ) koma

（2）金魚

( ) kingô
( ) kingyo

（3）にじ

( ) nisi
( ) nizi

（4）学校

( ) gatukou
( ) gakkô

（5）切手

( ) kitute
( ) kitte

（6）パン屋

( ) pannya
( ) pan'ya

4 〈ローマ字の書き〉
次のことばを、ローマ字で書きましょう。

（1つ4点）

（1）らくだ
raku

（2）しっぽ
si

（3）動物

©くもん出版

24 かんせいテスト
● 目ひょう時間 20分

ことばのきまり (3)
・ローマ字

●ふくしゅうのめやす

合かく

100点 ─ 80点 ─ 0点

もくテスト・かんれんドリルなどで
しっかりふくしゅうしよう！

とく点

[　　　] 100点

かんれん
ドリル

●同じ言葉と文
27〜32ページ

©くもん出版

1 次のことばに合うローマ字を右の⑦〜⑨からえらんで、――線でむすびましょう。
(1つ3点)

(1)
はかせ　・　　・⑦ hanabi
花火（はなび）　・　　・④ hakase
葉っぱ（は）　・　　・⑨ happa

(2)
学校（がっこう）　・　　・⑦ gakki
外国（がいこく）　・　　・④ gakkô
楽器（がっき）　・　　・⑨ gaikoku

2 書き表し方の正しいものを1つえらんで、○をつけましょう。
(1つ3点)

(1) 社会（しゃかい）
ア（　） sakai
イ（　） sykai
ウ（　） syakai

(2) 金曜（きんよう）
ア（　） kinyo
イ（　） kin'yô
ウ（　） kinyou

(3) 太陽（たいよう）
ア（　） taiyo
イ（　） taiyô
ウ（　） taiyou

(4) 発見（はっけん）
ア（　） haken
イ（　） hakken
ウ（　） hatuken

47

3 読み方をひらがなで書きましょう。 (1つ5点)

(1) megane （ め　　　）

(2) tôhu （ と　　　）

(3) hon'ya （　　　　）

(4) hikôki （　　　　）

(5) tobibako （　　　　）

(6) Ôsaka （　　　　）

(7) harappa （　　　　）

(8) Nippon （　　　　）

4 次のことばを、ローマ字で書きましょう。 (1つ5点)

(1) 電車
でんしゃ

(2) お父さん
とう

(3) 病院
びょういん

(4) パン屋
や

(5) 発表
はっぴょう

(6) 牛にゅう
ぎゅう

den　　　　　o　　　　　b

きほんの問題のチェックだよ。できなかった問題は、しっかり学習してから かんせいテスト をやろう!

とく点 ／100点

かんれん ドリル ●言葉と文 35・36ページ 49〜52ページ

© くもん出版

〈正しい送りがな〉

1 送りがなの正しいものに、○をつけましょう。 (1つ5点)

(1)
- ( ) 全く
- ( ) 全たく

(2)
- ( ) 終る
- ( ) 終わる

(3)
- ( ) 落るる
- ( ) 落ちる

(4)
- ( ) 転ぶ
- ( ) 転ろぶ

(5)
- ( ) 短い
- ( ) 短かい
- ( ) 短じかい

(6)
- ( ) 美い
- ( ) 美しい
- ( ) 美くしい

30点

言葉と文 49・52ページ

〈形のかわる送りがな〉

2 「使う」を、( )に合う形で書きましょう。 (1つ4点)

(1) そうじきを（　　　　）ば、早く。

(2) そうじきを（　　　　）ます。

(3) そうじきを（　　　　）そうじをする。

(4) そうじきを（　　　　）としたが、動かなかった。

(5) そうじきを（　　　　）ながら、そうじをする。

20点

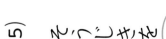

言葉と文 51・52ページ

4 〈三つの部分になる漢字〉

次の □ の部分をもつ漢字を、後の □ からえらんで書きましょう。

(1つ2点)

26点

(1)（く）……　・　・

(2)（かんむり）……　・　・

(3)（にょう）……　・　・

(4)（へん）……　・

(5)（たれ）……　・

始・留・返・読・守・助
遊・庭・暗・速・広・形・荷

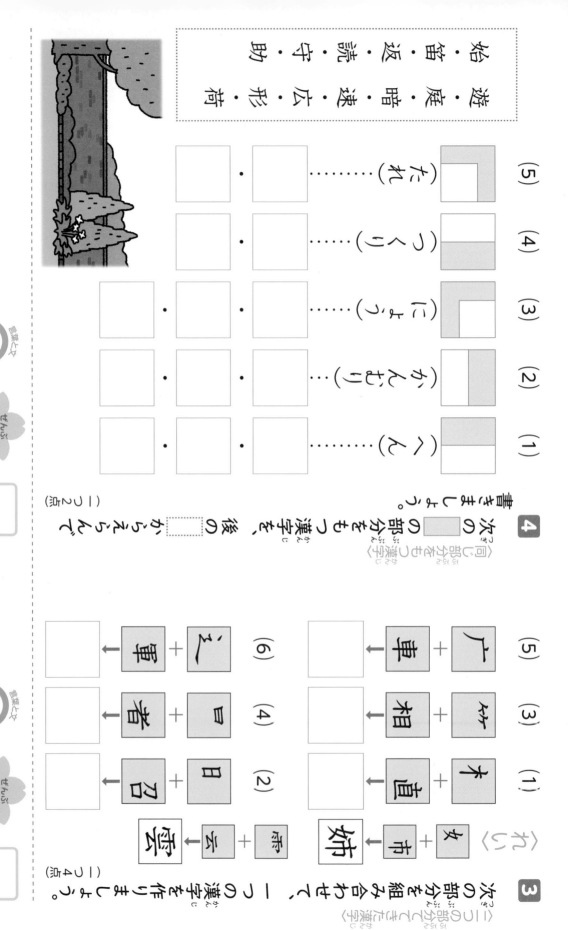

3 〈二つの部分になった漢字〉

次の部分を組み合わせて、一つの漢字を作りましょう。

(1つ4点)

24点

〈れい〉 女 + 巿 → 姉

(1) 辶 + 木道 →

(3) 艹 + 相 →

(5) 广 + 車 →

(2) 疒 + 去 → 変

(4) 日 + 者 →

(6) 之 + 単 →

● ふく習のめやす

合かく

100点　80点　0点

きほんテスト・かんれんドリルなどでしっかりふく習しよう！

とく点

100点

1 送りがなに気をつけて、漢字の読み方を書きましょう。 (一つ3点)

〈れい〉 下 ┣ （くだ）る
　　　　　 ┗ （さ）がる

(1) 明 ┣ （　　　）るい
　　　　 ┗ （　　　）ける

(2) 交 ┣ （　　　）わる
　　　　 ┗ （　　　）じる

(3) 苦 ┣ （　　　）しい
　　　　 ┗ （　　　）い

(4) 重 ┣ （　　　）い
　　　　 ┗ （　　　）なる

2 送りがなのまちがっていることばに――線を引き、右がわに正しく書き直しましょう。 (一つ5点)

〈れい〉 みんなで歌うと楽<u>しい</u>。 → 楽い

(1) 遊び時間が短かくて、友だちに話せなかった。

(2) 泳いでいた人は、全たく知らない人だった。

(3) 山から見えた美しいけしきを文章に書き表す。

4 次（つぎ）の（　）の漢字（かんじ）はどれも、同（おな）じ部分（ぶぶん）をもっています。その漢字（かんじ）は、（　）の漢字（かんじ）に一字（いちじ）たして、どんなことにかんけいがありますか。（　）に合（あ）う部分（ぶぶん）をつけると、どんなことばになりますか。　（1つ5点）

(1) イ（使・体・作）の漢字は、（　）にかんけいがある。

(2) 木（き）（板・植・根）の漢字は、（　）にかんけいがある。

(3) シ（池・海・湖）の漢字は、（　）にかんけいがある。

(4) 扌（拾・投・持）の漢字は、（　）にかんけいがある。

(5) 忄（思・悲・感）の漢字は、（　）にかんけいがある。

3 同（おな）じ部分（ぶぶん）をもつ二（ふた）つか三（みっ）つの漢字（かんじ）を□に書（か）きましょう。　（1つ3点）

(1)
□（は）れた日。
□（しょう）和（わ）生（う）まれ。
□（あ）日の朝（あさ）。

(2)
□（ほそ）い。
□（せん）を引（ひ）く。
本（ほん）を読（よ）み□（お）わる。

(3)
計（けい）□（さん）。
問題（もんだい）の□（こた）え。
□（ふえ）をふく。

(4)
学校（がっこう）へ□（とお）く。
□（みち）を。
荷物（にもつ）を□（はこ）ぶ。

きほんテストは、この本の大きな問題がチェックできた問題は、もう一つのかくにんドリルで学習してからきほんテストをやろう！

とく点　　　100点

かくにんドリル
●文章の読解
37〜40ページ　43〜46ページ

©くもん出版

〈書いてあることがらを見つけて、じゅんじょよく書く〉

1 作文を書く前の次のメモを読んで、後の問題に答えましょう。

60点

⑦ たくさんの金魚が泳いでいた。

⑦ 妹が、わたしをはげました。

⑦ わたしは、おがひらひらした金魚がほしかった。

⑦ 五ひきもつかまえている人が、いて、びっくりした。

⑦ 宿題の計算ドリルをした。

文章の読解 37〜40ページ

せんぶできたら

⑴ お祭りで金魚すくいをしたいことを作文に書こうと思います。⑦から⑦のどのメモを使いますか。三つえらんで書きましょう。（一つ10点）

（　　）・（　　）・（　　）

⑵ お祭りの様子も書こうと思います。右の絵に合うものを一つえらんで、○をつけましょう。（一つ15点）

ア（　　）いろいろなお店が出ていた。

イ（　　）お店が少なく、人通りがなかった。

ウ（　　）たくさんの人が来ていた。

エ（　　）急に雨がふってきた。

〈書いたじゅんじょがわかる、つながりのある文章〉

2 次の作文の部分を読んで、後の問題に答えましょう。

40点

⑦	⑦	⑦	⑨

⑦
が、夜ねる前に、
しんぱいになってきて、
おもわず近くにいた
友だちに、明日の発表会の
ことを話してしまいました。
ひみつにしていたのに、
自分の番が近づいてきて、
きんちょうしてきたので、
明日の発表会で○○を歌うことをうちあける

⑦
が、自分の番が近づいてきて、
きんちょうしてきました。
それで、明日の発表会で
○○を歌うことを
うちあける

⑦
まり、ひみつにしている
ことが、友だちにもれて
しまうのではないかと気に
なってきて、だれにも
話していませんでした。先生や

⑨
となり、先生に言われて
はじめて「サッカー」だって
ね!」と、先生に言われて、
なりました。「サッカー」という
気持ちに

(1) この作文は、何について書いたものでしょう。○をつけましょう。（10点）

ア（　　）
イ（　　）
ウ（　　）

(2) この作文は、どんなじゅんじょで書かれていますか。（15点）

（　　）→（　　）→（　　）

(3) 何日か前から練習したことは、この作文のどの部分に書いてありますか。⑦から⑨の前から書きぬきましょう。（15点）

（　　　　　　）の前
⑦の練習したことは、この部分の前にも書き入れるとよいと思います。

●目ひょう時間 20分

●ふく習のめやす
きほんテスト・かんれんドリルなどでしっかりふく習しよう！

合かく 100点 80点 0点

とく点 100点

かんれんドリル ●文章の読解 43～46ページ

©くもん出版

★ 作文を書く前のメモと作文を読んで、下の問題に答えましょう。

メモ

⑦ 丸めたごはんをあんこでつつんだ。

⑦ 少しむずかしかったけれど、とても楽しかった。

⑦ 先週の土曜日に、おばあちゃんの家で作った。

⑦ おわんを使って、もち米のごはんを丸めた。

(1) この作文は、何について書こうとしたものですか。一つえらんで、○をつけましょう。（10点）

ア（　）　みんなでおはぎを食べたこと。

イ（　）　おはぎをもらったこと。

ウ（　）　おはぎ作りを手つだったこと。

55

(2) ⑦から⑦のメモを、次の三つに分けて、記号を書きましょう。（全部できて一つ10点）

① はじめ……（　　　　　）

② 中心…………（　　　　　）

③ 終わり………（　　　　　）

1 「ひろし、おばあちゃんのおはぎ作りを、手つだいに行こう。」

2 先週の土曜日、お母さんが言いました。おばあちゃんは、毎年おはぎを作ってくれます。今年は、おばあちゃんの家に行って、みんなでおはぎ作りの手つだいをすることになりました。

で
す。またいつか、おはしを作ってみたいので
す。

5 （一部省略）

来年もおはしを作りたいので、おはしはあまり楽しかった。

がきれいなおさらにのせておきました。
おはしが丸い手でつつみこむようにしておきました。
おはしをきれいな形に仕上げるために、

4

れいな母さんがよび出してしよろこんでくれました。その後に、
わたしはおはしを回してしわたしはわたしを入れておきます。
わたしたちもまた来年のおはしをもちます。

3

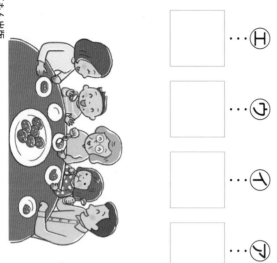

…㉗
…⑰
…⑪
…⑦

（1つ10点）

(4)
□の[⑦]から□[5]の[㉗]のメモは、作文にどのじゅんに書いてありますか。

エ（　）ウ（　）イ（　）ア（　）

（1つ10点）

ア いえのみんなでごはんを食べた。
イ おはしをおさらにのせた。
ウ おはしを丸めた。
エ かんそう（感想）をおはしへおくった。

(3)
「中」に書いてあるのは、(2)の⑦から㉗のどれとどれですか。

(2)
「○」をつけましょう。

56

とく点 ／100点

かんれんドリル 43〜46ページ ●文章の読解
©くもん出版

〈組み立てを考えて書く〉

1 次の作文の部分を読んで、後の問題に答えましょう。

40点

せんぶできたら 文章の読解 43〜46ページ

休みの日に、ぼくは本箱作りを手つだった。

⑦ 次に木の板を組んで、くぎで打ちつけた。お父さんは、かんたんそうに金づちでくぎを打っていった。

① さい後に、組み立てた本箱の表面をやすりでみがいて、ニスをぬった。

⑦ まず、お父さんが、木の板をのこぎりで切った。板は、全部で五まい用意した。

(1) この作文では、はじめに、どんなことを書いていますか。( )に合うことばを書きましょう。(10点)

休みの日に、( )を手つだったこと。

(2) ⑦から⑦の文章をならべかえて、正しいじゅんになるように記号を書きましょう。(一つ10点)

( )→( )→( )

58

60点

43〜46ページ
文章の話題

ぜんぶ
できたら
✓

次の作文の部分を読んで、後の問いに答えましょう。

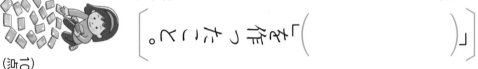

㋐	㋑	㋒	㋔
横五せんちます。ボール紙を、たてせんちに切ります。	です。その文に合う絵をかいてはりました。そして、その文に合う	わたしは、あつめた一まいの紙で「あ」からはじまる「あ」を作	次に、「あ」から「か」まで、紙に書きました。そのとおりに始まる短い

(1) ㋐から㋔までの文を、正しくならぶように記号を書きなさい。
（一つ10点）

（　）→（　）→（　）→（　）

(2) この作文は、何について書いたものですか。
（10点）

「　　　　　　　　　」を作ったこと。

(3) 次の文は、(1)の「　　　」を作ったとき、どんなことをしたのでしょうか。次の文の（1）に入れるとよいかんがえた文章の記号を書きましょう。
（一つ5点）

まに用意した紙を四十六まいです。合わせて九十二

（　）と（　）の間

30 かんせいテスト

作文の書き方(2)
・文章の組み立て

● 目ひょう時間 20分

● ふく習のめやす
きほんテスト・かんれんドリルなどで、いっかいふく習しましょう!

合かく
100点 80点 0点

とく点

100点

かんれんドリル
●文章の読解
43〜46ページ

©くもん出版

★ 次の作文を読んで、下の問題に答えましょう。

1 ぼくたちのクラスでは、昔の遊びについて調べて、じっさいに昔の遊びを遊んでみました。今の遊びとはいろいろちがっていることがわかりました。

2 一つめのちがいは、昔はおおぜいで遊んでいたということです。ぼくたちは、一人でテレビゲームなどで遊ぶことが多いです。でも、昔は、外に出て、学年のちがう子どもたちと遊ぶことが多かったそうです。ほくたちは、家に帰って、おおぜいで遊ぶこと多いです。

(1) 作文を書く前の⑦から⑤のメモを、後の三つに分けて、記号を書きましょう。
(一つ5点)

⑦ 昔はおおぜいで遊んでいた。

⑦ 昔は体を動かして遊んでいた。

⑤ 昔の遊びを調べて、じっさいに遊んでみた。

⑤ 昔の遊びを調べて思ったことと、昔の遊びに対する気持ち。

① はじめ……(　　　)

② 中……(　　　)

③ 終わり……(　　　)

で、クラスにたくさんの人です。

思います。母（かあ）さんにも今（いま）、遊（あそ）ぶのを聞（き）いておとうさんがおおくて、みんなで遊（あそ）ぶことを楽（たの）しみます。

⑤ 母（かあ）さんでした。今（いま）、くらべる遊（あそ）びは、何回（なんかい）も回（まわ）りました。

④ せの馬（うま）をとびこえたりして、体（からだ）を動（うご）かしました。今（いま）の子どもは、みんなで大声（おおごえ）を出（だ）して、いちばん高（たか）い馬（うま）...

③ 動（うご）こうとして、今（いま）の子どもは昔（むかし）も...

（2）この 1 から 5 の ㋔ のメモは、作文（さくぶん）の ⑦ ... ㋑ ... を書（か）いてから、どのようにすか。

（3）次（つぎ）の文（ぶん）を、○の中（なか）に入（い）れることばを、記号（きごう）で書（か）きましょう。

㋐…[　]
㋒…[　]
㋑…[　]
㋓…[　]・[　]

（10点）

（4）書（か）いた作者（さくしゃ）は？

（記号）
手（て）順（じゅん）をかえて、ひょうに上（じょう）手（ず）にまとめて、一（ひと）回（まわ）り動（うご）

（10点）

（5）この名前（なまえ）に作者（さくしゃ）は —— 線（せん）を引（ひ）きまして、その昔（むかし）の遊（あそ）びを三（みっ）つに、上（うえ）の遊（あそ）びをつけましょう。

（10点1つ）

しなんで、この中（なか）に作文（さくぶん）を書（か）きましょう。
今（いま）の遊（あそ）びか、昔（むかし）の遊（あそ）びか、どちらがよいですか。今（いま）の遊（あそ）びか、昔（むかし）の遊（あそ）びを三（みっ）つに書（か）くことにして、三（みっ）つに組（く）み立（た）てのとおりに書（か）きましょう。

（10点）

○。[　|　|　]

きほんの問題のチェックだよ。できなかった問題は、しっかり学習してから かんせいテスト をやろう！

とく点 □/100点

© くもん出版

★ 次の文章を読んで、下の問題に答えましょう。

文章の語彙 29～40ページ

50点

　きつつきが、お店を開きました。
　それはもう きつつきに ぴったりのお店です。
　きつつきは、森の中の木の中から、えりすぐりの木を見つけてきて、かんばんをこしらえました。
　かんばんにきざんだ お店の名前は、こうです。

おとや

　それだけでは なんのことだか分からないので、きつつきは その後ついに、こう書きました。

　できたての音、お聞かせします。四分音符一こにつき どれでも 百リル。

　「ええ。どれでも 百リル。どんな音が あるのかしら。」

（1）お店を開いたきつつきは、何をしましたか。(15点)

　[　　　　　　　　　]

（2）きつつきのおみせの名前を答えましょう。(15点)

　[　　　　　　　　　]

（3）きつつきのお店は、どんな音を聞かせるのですか。（ ）に合うことばを書きましょう。(一つ10点)

　①（　　　　　　）の音、すてきな

　②（　　　　　　）を聞かせる。

61

うさぎを見つけました。やまがらは、木の上で立ち止まりました。
「ニャーゴ。」
やまねこは、木の下で、野ウサギたちに近づきながら、大きな声を出して言いました。
「四ひきのねずみはどこだ。」
と、やまねこはおなかをすかせていました。
じぶんの言うことを聞かない子ねこを、木の下に立たせました。茶色に耳をたてながら、やまねこは野ウサギのほうへ近づきました。
そう言って来たのは、じつはやまねこでした。メニューは、野ウサギの茶色。それから、耳をぴんと立てて来たのは、野ウサギのお店だ。

② （　　　　）木に立たせ、自分は（　　　　）
① （　　　　）の野ウサギを近づけ、自分は（　　　　）
の木の下に立たせ…

（6） よう合いましたか。書きましょう。（10点）
（　　　　　　　　　　　）

（5） 野ウサギは、どこに行きましたか。（15点）
（　　　　　　　　　　　）

（4） 来たのはお店だ（15点）
（　　　　　　　　　　　）

文章の読み取り
29〜40ページ

ぜんぶできたら

50点

32

かんせいテスト

物語の読みとり (1)
・場面の様子 「きつつきの商売」

● 目ひょう時間 30分

● ふく習のめやす
きそテスト・かんれんドリルなどで
しっかりふく習しましょう！

100点　80点　0点

合かく

とく点

100点

かんれんドリル
● 文章の読解
29〜40ページ

© くもん出版

★ 次の文章を読んで、下の問題に答えましょう。

きつつきが、お店を開きました。

それはもう、きつつきにぴったりのお店です。

きつつきは、森中の木の中から、えりすぐりの木を見つけて、かんばんをしらえました。

かんばんにきざんだお店の名前は、こうです。

おとや

それだけでは、なんだか分かりにくいので、きつつきは、その後に、こう書きました。

「できたての音、すてきな音、お聞かせします。四分音符一こにつき、どれでも百リル。」

「くえぇ。どれでも百リル。どんな音があるのかしら。」

(1) きつつきが、ひらいたお店は、どんなお店ですか。（　）に合うことばを書きましょう。
（一つ10点）

①（　　　　　）の音、

②（　　　　　）に音、

を聞かせるお店。

(2) きつつきは、かんばんを作るために、どこからどんな木を見つけてきましたか。
（15点）

(3) ――は、だれのことばですか。
（15点）

63

がつづきました。

きつつきは、のうさぎを見上げました。きつつきは、木の上から音を、へ、きました。

「きょう。」

きみの名前の木の下に、野うさぎが来ます、と、じぶんは木の下に立たせて、きつつきに近

「こんにちは。」と言いながら、野うさぎのところへ、きました。きつつきは木の下に立たせて、じぶんは木の下の野うさぎの森に、

「ぶん。」これは、四分音符です。じぶんの音符です。と言いました。

野うさぎは、耳をぴんと立てて、目をつぶって、きつつきのおとを聞きました。

それから、メニューをじっくりながめて、これにします、と野うさぎは言いました。

(4) （15点）
「これにします！」と、野うさぎは、何を見て言いましたか。

(5) （15点）
野うさぎは、どうしましたか。
　だれだけは、ちゅうもんの音を
　とどけました。

(6) （15点）
「よし。」と言ったとき、野うさぎは、どうしましたか。

（1つ10点）
②（　　　　　）
①（　　　　　）の音を
ちゅうもんした。

64

33 きほんテスト ● 目ひょう時間 30分

物語の読みとり(2)
人物の気持ち「白い花びら」

とく点 ／100点

かんれんドリル ●文章の読解 61〜70ページ

©くもん出版

★ 次の文章を読んで、下の問題に答えましょう。

ここ何日か、ゆうたの気持ちはすっきりしなかった。ゆうたは一人でみることにした。はっけんしたことを——みんなにいうのをよそう。ゆうたは、女の子に会って、野原を見つけて出会った。

日曜日、かずきは家にいなかった。ゆうたは少しまよってから、ゆうたの行く方へ行ってみることにした。——あの子がいるかもしれない。かずきは、なんとなくそう思ったのだ。

林の中に入る時は、前よりもきもちよかった。——かずきだったら、きっと——と、かずきは野原の入口に立って、岩の方をゆうたは見た。——だれか。

文章の読解 61〜70ページ

(1)「少しまよってから」とありますが、ゆうたは何をまよったのですか。(20点)

（　　　　　　　　　　）

(2) ゆうたは、どんな気持ちで林に入る時でしたか。合うもの一つに○をつけましょう。(20点)

ア（　）一人でみんなにいる気持ち。

イ（　）わくわくして楽しい気持ち。

ウ（　）みんなにいうかずきがいないので、さびしい気持ち。

65

令和2・2021年度版
教育出版
ひろがる言葉
小学国語 三年上

乗っていた馬が、草や風、乗ったとびはいっのまに動きして、乗りにっしてゆると思った。乗りに黒い馬にっしまりの時上いの馬にった体の

「えにゆたとひ？」し！」

だとに本当をびして馬に乗っている人たち、乗のとは気きえた

そ乗ゆのたに気きたとえた女の子は岩の言ないか？」（返に人たのね）

せにっていわっって、岩の上で、足をるみ上の前の子にっていすわったから、女の子はしゃったから、「ここ？」と言った人た。

(5) 乗っていたが若にとんだとびか。
〔　　　　　　　　　　　　　〕（20点）

(4) <u>「女の子が若の上にとんしゃったと思いました時上」</u>で、しゅうたは女の子をどうしたと思いましたか。
〔　　　　　　　　　　　　　〕（20点）

(3) ～～～「ここに気にった人た

(4) ①（　　　　）の
②（　　　　）の上にすわったの。

まに合われて「ここ？」と言った人た。（1つ10点）

©くもん出版

61〜70ページ
漢字の書き
ぜんぶできたら ◎

60点

34 かんせいテスト① 物語の読みとり(2)
・人物の気持ち「白い花びら」

● 目ひょう時間 30分

●ふく習のめやす
きほんテスト・かくにんドリルなどで
しっかりふく習しよう！

100点 合かく 80点 0点

とく点 100点

かんれん
ドリル ●文章の読解
61〜70ページ

©くもん出版

★ 次の文章を読んで、下の問題に答えましょう。

ゆうたは、「一ぺんひみつきち」に、みつけたばかりの女の子に出会った。

日曜日、かずきは家にいなかった。かずきは、少しまよってから、ゆうたは「一ぺんひみつきち」に行ってみることにした。
——あの子が、いるかもしれない。

なんとなく、そう思ったのだ。

林の中に入る時は、前よりもきんちょうした。
——かずきだったら、まって一ぺんでもくいまなんだ。

野原の入り口に立って、ゆうたは、岩の方を見た。
——だれか、いる。

(1) ゆうだが「一ぺんひみつきち」に行ってみることにしたのはなぜですか。( )に合うことばを書きましょう。
(一つ10点)

前に会った（ ① ）に（ ② ）かもしれないから。

(2) 「——かずきだったら、まって一ぺんでもくいまなんだ。」と考えた時のゆうだの気持ちとして、合うほうに○をつけましょう。（20点）

ア（　）一人のひみつきちなので、かずきがおこるかもしれない。

イ（　）ぶあんだけど、自分だって一ぺんでできるはず。

いちばん草が風にゆれた
いちばん黒い馬に気がついた時の
ことから、体がわり、

岩の上にゆられては乗った二
人のまえで動きだしました。

「え？」

「しゅっぱつ！」

本当を馬にとびのってみた子は、岩の上にのって、いるくまるで二人えるて、女の子は、馬に乗っているようにゆれているようにゆれて、足をぶらぶらの前の子

「え？」

せ岩のゆられに気について、足をぶらぶらの前の子

「乗のゆられに気にいたのだに馬にとびのってみたらあへ返事にいました

「乗のゆられに気にいたの？」

© くもん出版

(3)
「────」
女の子が気に入った様子でしたか？
（20点）

(4)
「────」女の子の三つ
○をつけましょう。
ア　でわら、女の子三つの○を
イ　来るゆられる様子。
ウ　ゆく様子はてゆに野原に
（20点）

(5)
「風が」とありますとき、
たゆのあと、
たに乗って、動きを引
としてはしますか。
たがゆ。
（20点）

35 かんせいテスト②

物語の読みとり②
・人物の気持ち「サーカスのライオン」

●目ひょう時間 30分

●ふく習のめやす
本テスト・かんれんドリルなどで、この本で学習したことをしっかりふく習しよう!

合かく 100点 80点 0点

とく点 100点

かんれんドリル
●文章の読解
61〜70ページ

©くもん出版

★ 次の文章を読んで、下の問題に答えましょう。

サーカスのライオンのじんざは、夜、こっそり外へ出た。

サーカスのライオンのじんざは、人間の服を着て、昼間、元気のないライオンを見て、お見まいに来たという男の子と出会った。

次の日、ライオンのおりの前に、ゆうべの男の子がやってきた。じんざは、タオルをくしゃくしゃにした足をそっとかくしただ。足首はずきんずきんと、夜の散歩どころではない。男の子は、チョコレートのかけらをさし出した。

「さあ、お食べよ。ぼくと半分こだよ。」

じんざは、チョコレートはすきではなかったけれども、目を細くして受け取ったのだ。それから男の子は、毎日やってきた。じんざは、もうねむってなんかいられなくなった。

（一部省略）

(1) 夜の散歩がしばらくできそうもないのは、どうしてですか。
（10点）

(2) 男の子は、じんざに何をさし出しましたか。
（10点）

(3) じんざが、「目を細くして受け取った」のは、どうしてですか。
（10点）

(4) ~~~~線から、じんざのどんな様子がわかりますか。えらんで、○をつけましょう。
（10点）

ア（　）男の子が来るのをいやがっている様子。

イ（　）男の子が来るのを楽しみにしている様子。

ウ（　）男の子が毎日来るのをふ安に心配している様子。

69

じんざは大きくライオンのあたりを見ると、すばやく体をおこした。
「火事だ！」
と、いうさけび声が聞こえた。
見ると、男の子のアパートの外から火が出ていた。
じんざは、おりの中から、男の子のアパートがもえているのを見た。
火のこが、じんざの体にふりかかってくる。
じんざは、火の輪を五つ、くぐりぬけて、男の子をたすけに来た。
「サーカスのライオンがおれるすがたを見ると来ただれもが、火の輪をくぐりぬけた。
「サーカス院のお母さんが……」

（5）
～線「…………」とありますが、このとき男の子はどういうことを書きますか。

（6）
～線「…………」とありますが、このときの気持ちを○でかこみましょう。（15点）

・〔　　　〕

・〔　　　〕

・〔　　　〕

（7）
ア　持ちが○でかわり……気もちという気もち。（　）
イ　……気もちという気もち。（　）
ウ　……気もちにという気もち。（　）

ア　もっと○をかけたいという気持ち。（　）
イ　……ぶんせい気持ち。（　）
ウ　……気持ちにという気持ち。（　）
（15点）

ア　……気もちに。（　）
イ　げんきにしょうとしたから、○をかわりという気持ち。（　）
ウ　……気もちに。（　）
（15点）

歩ばは男ばかりで行きますが、男の子のことが気になって、気もちよく家まで気もちで散ぽだ。

70

きほんの問題がぜんぶできたら、かんせいテストをやろう！学習してきたエリアだよ。

とく点　　／100点

© くもん出版

★ 次の文章を読んで、下の問題に答えましょう。

□1　スポーツの大会などで、選手にゼッケン番号をつけて、それがだれかが分かるようにします。また、電話の市外局番はどこの局かが分かるようになっています。

□2　これらは、数字で番号をたくさん区別することができるといういみや、ほかのものと一つ一つ区別してせいりし、整理して表したり、あらわしたりすることができるといういみがありますよ。

(1) 上の文章は何について書かれた文章ですか。（一つ10点）

（　①　）を使った番号などの（　②　）などのべんりさについて。

(2) 「ゼッケン」「ゆうびん番号」のほかに、数字を使ったものはだれに答えましょう。（15点）

〔　　　　　　　　〕

(3) 計算したりべんりなものに書かれただんらくはどれですか。だん落番号で答えましょう。（15点）

〔　　　〕だん落

3

道路（どうろ）と自（じ）どう車（しゃ）が通（とお）れるところを道路（どうろ）といい、人（ひと）が通（とお）れるところを歩（ほ）行（こう）者（しゃ）がちゅうしゃした絵（え）やれい字（じ）だけをそれぞれにあてはめられるようにみちびかれます。

4

てれるたりれたりしてもよい形やものをたとえるとしてもちいる絵（え）ものを、地図（ちず）にもちいる形やものがひとつ、それらを表（あらわ）す記号（きごう）がひとつもちいられるにわけやすくしやすくしてもちいる形や

（4）＿＿＿ 道路（どうろ）の
何（なに）が通（つう）行（こう）できるようになりますか。

5

たり目で記（しる）したりものがらを総（すべ）てたりまたは絵ものをたとえとしてもちいることができるとして地図（ちず）にもちいる事（ごと）を表す形や記号（きごう）が（ ）だけ書きますときにそれをもちいる形や記号（きごう）が（ ）だけひろしや

（5）＿＿＿ 物事（ものごと）を表す形や
記号（きごう）からものごとを表す
絵が総（すべ）てのとき、「たりものを

6

べつの言（こと）ばをしますときなどの式（しき）を書くときを書くときを使（つか）って書きます式（しき）の記号（きごう）が（ ）だけ書いたりものを使（つか）って書いたりは計（けい）いてわ

（ ）÷ ・ ②

・× かける（3）

①〈 〉引く ・

（ ）＋ 足す ・

（10点 二つ）

（6）＿＿＿ 算数（さんすう）を
使（つか）っては、どんな記号（きごう）

引（ひ）くは算（さん）数（すう）で
使（つか）っては、どんな
記号（きごう）ですか。

50点

文章の理解 19〜26ページ

せんぶできたら

37 かんせいテスト せつ明文の読みとり(1)
・文章の内ようと組み立て「合図としるし」

🕐目ひょう時間 30分

●ふく習のめやす
きほんテスト・かんれんドリルなどでしっかりふく習しよう！

100点 合かく 80点 0点

とく点 100点

かんれんドリル ●文章の読解 19〜26ページ

©くもん出版

★ 次の文章を読んで、下の問題に答えましょう。

1　スポーツの大会などで、せん手にせ番号をつけることがあります。せんしゅにせ番号をつけるのは、だれがどの選手かが分かるようにするためです。また、ゆうびん番号は、その地いきが分かるように、電話の市外局番は、どこの局かが分かるようになっています。

2　これらは、数字で番号をつけることで、たくさんあるものを、一つ一つ区別しやすくしています。そのほか、数字を使うと、たくさんのものを整理して表したり、いくつかのまとまりの数字を使うことで、かんたんに表すことができるというよさがあります。

(1) 数字を使った番号について書かれただん落を、すべて番号で答えましょう。
（全部できて15点）

（　　　）だん落

(2) ゆうびん番号は何を表していますか。
（15点）

［　　￼   ￼   ￼   ￼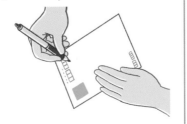

(3) 「数字で番号をつけること」には、どんなよさがありますか。（　）に合うことばを書きましょう。（一つ10点）

① たくさんの（　　　　　　　　　）を整理したり、

② （　　　　　　　　　）に表したりすることができる。

73

3 自動車や道路の行きかう道で、歩行者は道路のどちらをあるきますか。

4 □らもので、きごう（記号）といい、それぞれにせんたくやくそくがあります。それらをつかって物事をあらわす形や絵の行...
みなさんがよく行く学校には、地図があります。地図には、いろいろな物事を表す形や絵が...

5 算数で、式を書くときに記号を使うことがあります。たとえば、式をまとめて書くときに使うかっこ（）や、計算を表す記号を使って書きます。
（へ）×（かける）÷（わる）+（足す）−（引く）

(4) 「道路」ということばの「ロ」のマークのところは、何の点や... (15点)

(5) ____に入ることばを、あとからえらんで○をつけましょう。 (15点)

(6) 算数の式を書くときに使った記号を、ア〜エのうちからえらんで○をつけましょう。 (20点)

ア （　）した
イ （　）しかし
ウ （　）とり
エ （　）とも

74

© くもん出版

★ 次の文章を読んで、下の問題に答えましょう。

75

① もうどう犬は、目の不自由な人が、町を安全に歩けるように、目の代わりになって助ける犬です。

② もうどう犬になるための訓練は、犬が一さいになると始まります。（一部省略）

③ 使っている人にとっては、命令が守れないことはしたがわない、前に進まないことをおぼえるのです。たとえ、自動車が走ってくる所で、「ゴー（進め）」と命令しても、自動車と命令が守れないことをおぼえるのです。このような訓練を「命令ふく従の訓練」といい、あぶないとき、犬はくり返してあぶないことをおぼえるのです。

④ 訓練を通して、もうどう犬は、このことが身につけていきます。

(1) もうどう犬は、どのような犬ですか。（一つ10点）

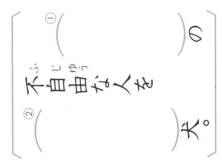

　（ ① ）（ ② 不自由な人を ）の犬。

(2) もうどう犬の訓練について書かれて内ようがだんだん落ついているのは、どのだん番号ですか。答えましょう。（一つ10点）

（ 　 ・ 　 ）だん落

(3) 「したがわない」こと、「前に進まない」ことを教えられるのは、どんな命令にしたがったときですか。（15点）

（ 　 　 　 ）

© くもん出版

⑥

すると、町にもどってからの半年かそれ以上かけた訓練は、歩く練習をして、生活に犬を使う人に実さ...（略）気になったり、人の仕事中ではたらく犬のほうがほかの犬とちがって、...

⑤

歩く
練習をする。

（れんしゅう）

(6) 訓練の仕上げに、犬は何を行われますか。
（15点）

(5) これまたりの訓練。

ウ　　　イ　　　ア

ア　まえにいるものに気が
イ　ほかのものに気が
ウ　仕事中わき命がないこと

（15点）

(4) ...

文章の読解
73~80ページ

せんぶできたら ◎

45点

76

合かく 100点 80点 0点
●ふく習のめやす
きほんテスト・かんれんドリルなどで、しっかりふく習しましょう！
とく点 ／100点
かんれんドリル ●文章の読解 73〜80ページ
©くもん出版

★ 次の文章を読んで、下の問題に答えましょう。

1 もうどう犬は、目の不自由な人が、町を安全に歩けるように、目の代わりになって助ける犬です。

2 もうどう犬になるための訓練は、もうどう犬が一さいになると始まります。（一部省略）

3 使われている人にとって、けんなことも教えられます。たとえば、自動車が走ってきて「ゴー（進め）」と命令しても進むように命令し、自動車が走ってくると「ゴー」と命令し、自動車が走ってくると「ゴー」と言われても進まないことをおぼえさせるという訓練をくり返して、「ゴー」と言われても進まないことをおぼえるのです。

4 訓練を通して、もうどう犬は身につけていきます。

(1) もうどう犬になるための訓練は、犬が何さいになると始まりますか。（20点）

〔　　　　　　　　　　　　〕

(2)「使われている人にとって、けんなこと」とは、どのような命令ですか。（　）に合うことばを書きましょう。（一つ10点）

①（　　　　　　　　）が走っている所で、
②「ゴー」（　　　　　　　　）と命令する。

(3) もうどう犬にふさわしい心がまえの内ようとして、答えの内ようは、どのだん落に書かれていますか。番号で答えましょう。（20点）

□ だん落

77

6

町を歩く生活を習し、犬を使う人は約三か月くらい、犬といっしょに実さいに町を歩く生活を習し、犬を使う人は約三か月くらい、犬といっしょに実さいに

5

しごとにおくられ中にも仕事をしたり、人にしたがってしごとをしたり、人はなく犬ですから、やく三か月から半年くらい、とくべつな訓れんをします。くんれんは、犬が

しごとちゅうにおしゃべりをしたり、人にしたがってしごとをしたり、おしえてもらったりするのは、人ではなく犬がいますから、もうどう犬になる気にさせたり、しつけをしたりするのは、人ではなく犬ですから、

（4）

ア　しごとちゅうに（ ）おしゃべりをして

イ　くんれんも（ ）○をつけましたし

ウ　も（ ）

○をつけましょー

（5）　　（20点）

ア（ ）　　イ（ ）　　ウ（ ）　　エ（ ）

犬を使う人が、月に一かいのわりあいで、その犬の訓れんの仕上げに向かう。

40 かんせいテスト② せつ明文の読みとり(2)
・まとまりと要点「すがたをかえる大豆」

⏱ 目ひょう時間 30 分

合かく
100点
80点
0点

●ふく習のめやす
まちがえたところは、本テスト・かくにんドリルなどでしっかりふく習しておこう!

とく点
／100点

かんれんドリル
●文章の読解
73〜80ページ

©くもん出版

★ 次の文章を読んで、下の問題に答えましょう。

1 植物には、こういうものを「たね」といって三つに分けているのがふつうです。ダイズというたねです。

大豆は、ダイズという植物のたねです。このダイズのたねが十分に育って大きくなると、大豆の中のイのたねが十分に育って大きくなると、大豆の中のイのたねが十分に育って大きくなります。

大豆は、そのまま食べてもおいしくありません。また、消化もよくありません。そのため、昔からいろいろ手をくわえて、おいしく食べるくふうをしてきました。

2 いちばん分かりやすいのは、その形のままやわらかく、おいしくするくふうです。大豆を水にひたしてやわらかくしてから、にると豆まめになります。また、大豆をいって、こなにひいて、こなにすると、きなこになります。

にた大豆は、やわらかくておいしく、豆まめになります。水につけてやわらかくした大豆を、ぶにつかいけると、だいずはやわらかく、豆まめになります。

(一部省略)

(1) 大豆はどういうものですか。( )に合うことばを書きましょう。 (一つ10点)

ダイズという植物の
①（　　　　　　　）で、
十分に育って
②（　　　　　　　）の
中でかたくなる。

(2) ～～のようにしてきたのは、なぜですか。 (15点)

（　　　　　　　　　　　　　　）

(3) ～～のそれをあけておちる
のは、どのだん落ですか。すぐ
ばん番号で答えましょう。
(全部できて15点)

（　　　　　）だん落

79

©くもん出版

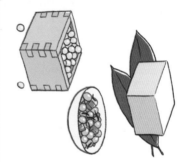

④

（一）（部省略）

大豆がていねいに作られ、いろいろなくふうをして、おいしく食べるくふうをしてきました。
それに、ほかの作物にくらべて、畑の肉といわれるくらいたくさんのえいようをふくんでいるからです。
大豆はそのままでは食べにくく、消化もよくありません。そのため、いろいろなくふうがされてきました。
もっともかんたんなのは、大豆をその形のままいったり、にたりして、やわらかく、おいしくするくふうです。
いちばん分かりやすいのは、大豆をその形のままいったり、にたりして、やわらかく、おいしくする食べ方です。

③
まだやわらかいうちに取り入れ、えだ豆
大豆はいろいろなすがたで食べられている

〔3〕

（4）

（5）
ア じゅん
イ ぬのに大豆を入れてしぼる
ウ 水をくわえてにる
エ 熱を（一つ5点）

（4）の□に番号を作ると食品ですか。
（15点）

（6）
さ豆ずで、多くの食べ方をくふうされてきたのは、大豆の食べ方をくふうしたのはなぜですか。（15点）

80

きほんの問題のチェックだよ。できなかった問題は、しっかり学習してから、しあげテストをやろう！

とく点 ／100点

かんれんドリル 文章の読解 83〜86ページ

© くもん出版

---

1 次の詩を読んで、下の問題に答えましょう。

青い数字は、行数を表しています。

なにかをひとつ 1
なにかをひとつ 2
しるたびに 3
なにかひとつの 4
よろこびがある 5
なにかをひとつ 6
まなぶたび 7
なにかがひとつ 8
わかってくる 9
もっとしりたい 10
まなびたい 11
無限の道を 12
すすみたい

(令和2年度版 学校図書 みんなと学ぶ 小学校国語 三下116・117ページより「なにかをひとつ」かせだもし)

40点

せんぶできたら ✓

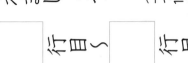
文章の読解 83〜86ページ

(1) ——部①は、——部②と同じ形の部分が四行目からにあります。この部分は、行数の数字で答えましょう。（一つ10点）

□行目 〜 □行目

(2) この詩のとくちょうにあてはまるもの一つをえらんで、〇をつけましょう。（20点）

ア（ ）一行をのぞいて、すべてひらがなで書かれている。

イ（ ）全体が四つの部分に分かれている。

ウ（ ）「なにか」ということばが使われている。

あしたのあさ
ねすごすぞ

ぼくらもまけずに どなるんだ
夕日にむかって どなるんだ
そんなにおすな あわてるな
ぐんぐんおすな おしてくる
さよなら さよなら
さよなら 太陽

あしたのあさ
ねすごすな

ばんごはんが まってるぞ
さよなら きみたち
さよなら さよなら
でっかい声で よびかける
歩くぼくらの うしろから
まっかなうでで おしてくる
夕日がせなかを おしてくる

| 16 | 15 | 14 | 13 | 12 | 11 | 10 | 9 | 8 | 7 | 6 | 5 | 4 | 3 | 2 | 1 |

※青い数字は、行数を表します。

ぜんぶできたら

60点

(1) この詩は、一つ分の部分が二つに分かれています。一部分は、何行目から何行目か、数字で答えましょう。（10点）

□ 行目 〜 □ 行目

(2) 次の六行目の「さよなら」と同じ四行目の「さよなら」は、何行目ですか。（10点）

□ 行目

(3) 一行目「夕日がせなかをおしてくる」は、七行目と形がよくにているところがあります。（20点）

●ふく習のめやす
100点 ／ 合かく 80点 ／ 0点
きほんテスト・かんれんドリルなどでもういちどふく習しましょう！

とく点 ／ 100点

かんれんドリル
●文章の読解
83〜86ページ

1 次の詩を読んで、下の問題に答えましょう。

青い数字は、行数を表します。

```
なにかをひとつ            1

なにかをひとつ            1
しるたびに               2
なにかひとつの           3
よろこびがある           4
なにかひとつを           5
まなぶたび               6
なにかがひとつ           7
わかってくる             8
もっとしりたい           9
まなびたい              10
無限の道を              11
すすみたい              12
```

(1) この詩を三つのまとまりに分けるとしたら、二つ目のまとまりはどこからどこまでですか。はじめの一行と終わりの一行を書きましょう。（一つ10点）

① はじめ…（　　　　　　　　　　）

② 終わり…（　　　　　　　　　　）

(2)「無限の道をすすみたい」とはどういう意味ですか。一つえらんで、○をつけましょう。（20点）

ア（　）終わりのない旅に出たい。

イ（　）みんなのために道をつくりたい。

ウ（　）多くの知らない人に出会いたい。

83

2 次（つぎ）の詩（し）を読んで、下（しも）の問題（もんだい）に答（こた）えましょう。

阪田寛夫　文／　絵

夕日がせなかをおしてくる

まっかなうででおしてくる

あるくぼくらのうしろから

でっかいこえでよびかける

さよなら　さよなら　さよなら　きみたち

ばんごはんがまってるぞ

あしたのあさ　ねすごすな

夕日にせなかをおされて

あるくぼくらのかげぼうし

でっかいこえでよびかえす

ぼくらもまけずどなるんだ

ぐるりふりむき　太陽（たいよう）に

さよなら　さよなら　さよなら　太陽（たいよう）

ばんごはんがまってるぞ

あしたのあさ　ねすごすな

（行数）16　15　14　13　12　11　10　9　8　7　6　5　4　3　2　1

---

(1) この詩（し）は、どんな場面（ばめん）を表（あらわ）していますか。（1つ10点）

① （　　　　　）から帰（かえ）る道（みち）を歩（ある）いて

② 家（いえ）に帰（かえ）る場面（ばめん）。

(2) この詩（し）のリズムを全（すべ）てあらわしているところを、次（つぎ）のア〜ウからえらんで、記号（きごう）を○（まる）で合（あわ）せなさい。（20点）

ア（　）　会話（かいわ）文（ぶん）で書（か）かれている。

イ（　）　タ日（夕日）とぼくらがよびかわしている。

ウ（　）　三（みっ）つのまとまりになっている。

(3) 十六行目（ぎょうめ）の「あしたの朝（あさ）　ねすごすな」とありますが、これはだれが、だれに言（い）っているのですか。（20点）

84

仕上げテスト(1)

合かく
100点
80点
0点

●ふく習のめやす
きほんテストなどで、しっかりふく習しよう！

とく点
　　　/100点

©くもん出版

1 次の読み方をする漢字を書きましょう。 (1つ2点)

(1) み
　　　軽にとぶ。
　　　なしの　　。

(2) もの
　　　食べ　　。
　　　人気　　。

(3) は
　　　　　ブラシ。
　　　緑の　　っぱ。

(4) あ(ける)
　　　年が　　ける。
　　　戸を　　ける。

2 次の文の主語を( )に述語を〔 〕に書きましょう。 (1つ6点)

(1) 大きな犬が、とつぜんほえだした。

主語(　　　　　)　述語〔　　　　　〕

(2) 大きな声で、先生がせつ明した。

主語(　　　　　)　述語〔　　　　　〕

(3) 赤い洋服を着た女の子が、花を買った。

主語(　　　　　)　述語〔　　　　　〕

85

5 送りがなのまちがっているところを見つけて、下に正しく書き直しましょう。

(1) 花だんにたねを植て、育てる。
（　　　　　）

(2) 落ちこいるごみを拾って集める。
（　　　　　）

(3) 習った漢字を使って、短かい文を作る。
（　　　　　）

4 次の──の □ のことばがさしている部分に、──線を引きましょう。（1つ4点）

(1) 友だちの家に行った。 そこ で宿題をした。

(2) 日曜日にサッカーをしたから、弟が それ を見つけた。

(3) ボールをなくした。 それ を父が見つけてくれた。

3 次の文で、──線のことば（修飾語）がくわしくしているところをさがして、──線を引きましょう。（1つ5点）

(1) 駅前の 大きな公園に、朝早く わたしが集まる。
（　　　　　）

(2) 雲が、 ゆっくりと 空を流れる。
（　　　　　）

(3) いそいでいたので、 母があみ物をする。
（　　　　　）

86

44

🕐 目ひょう時間 **30**分

合かく **80点** 〜 **100点**

● ふく習のめやす
きほんテストなどで
しっかりふく習しよう！

0点

仕上げテスト (2) 「モチモチの木」

とく点 ／100点

© くもん出版

★ 次の文章を読んで、下の問題に答えましょう。

豆太は、真夜中に、ひょっと目をさました。頭の上で、くまのうなり声が聞こえたからだ。

「じさまぁ。」

むちゅうでじさまにしがみつこうとしたが、じさまはいない。

「まあ、豆太、心配すんな。じさまは、ちょっとはらがいてえだけだ。」

まくらもとで、くまみたいに体を丸めてうなっていたのは、じさまだった。

「じさまっ。」

こわくて、びっくらして、豆太はじさまにとびついた。けれどもじさまは、ますますすごくうなって、歯を食いしばって、ますます体を丸くした。

「医者様をよばなくっちゃ。」

豆太は、小犬みたいに体を丸めて、表戸を体でふっとばして走りだした。

(1) 「くまのうなり声」とはだれがどうする声でしたか。(10点)

（　　　　　　　）声。

(2) 　　　から、じさまのどんな気持ちがわかりますか。一つえらんで、○をつけましょう。(10点)

ア（　　）早く医者をよんでもらいたい気持ち。

イ（　　）豆太に心配させたくない気持ち。

ウ（　　）豆太に助けてもらいたい気持ち。

(3) じさまはどうして「体を丸めて」いたのですか。(10点)

（　　　　　　　　　　）

(4) 〜〜〜線から、豆太のどんな気持ちがわかりますか。一つえらんで、○をつけましょう。(10点)

ア（　　）ひっ死な気持ち。

イ（　　）気楽な気持ち。

ウ（　　）なさけない気持ち。

（令和2年度版 128〜130ページ 光村図書 国語三下 斎藤隆介『モチモチの木』による）

※ねぎ道…
※半道…一・二キロメートル。
※赤着…赤い着物。
※よしどよしど…
※部落…村などの集まり。
※夢中…われをわすれて何かに熱中すること。
※くきり前…名前。

「豆太は見た。」
豆太は、どんなに小さな小屋や、もちもちの木に、灯がついているのを見た。

なぜかというと、月が出ていて、雪が、しんしんと降っていたからなのだが、それにしても豆太は、その小屋の医者様を、月が出て行く小屋や、もちもちの木を、このばんしてくれた。

その小屋の中で、豆太は、はじめて見た。月が出てる。月よりも星が出てる。

霜が降りて、真っ白い霜の一面の、星と月がいっぱいの、とっても寒い、すごい星で、月も出ていた。

豆太は、なきなき走った。
いたくて、寒くて、こわかったからなあ。
でも、大好きなじさまの死んじまうほうが、もっとこわかったから、なきなき走った。

そして、医者様のこしを、足でけとばした。
なきなき、半道もあるふもとの村まで――。

（5）──線「なきなき、坂道をかけ下りました」とありますが、このときの豆太はどのような様子でしたか。合う言葉を（ ）に書きましょう。（10点）

（6）──線「雪にけつまずいたりころんだり」とありますが、この坂道を走る豆太の様子がわかる文を二つ引きましょう。一つ5点（二つ）

（7）──線「医者様が走った」とありますが、豆太が医者様をよんできたのはなぜですか。（10点）

（8）──線「ドンドン、ドンと、豆太が」医者様に気がついたのはなぜですか。（10点）

（9）──線「じさまの」「医者様の」いのちをすくおうと、しましょう。（10点）

答えと考え方

89

---

1 1・2ページ 一年生のふく習(1)

1 (1){ 地 池 (2){ 牛 午

2 (1) 夏・秋・春・冬
(2) 北・南・西・東
(3) 兄・父・母・妹
※(1)～(3)は、それぞれじゅんじょがちがってもよい。

3 (1) 少ない (2) 売る
(3) 近い (4) 新しい

4 (1) エジソン・アンデルセン
(2) スプーン・ヨット
(3) ボタン・ワンワン
(4) ドイツ・ロンドン
※(1)～(4)は、それぞれじゅんじょがちがってもよい。

---

2 3・4ページ 一年生のふく習(2)

★(1)①（ぐんぐん）くらくなって
②スーが帰って
(2)（近くにすむ）ひつじかいたち
(3) 生まれたばかりの、小さな白い馬。
※「馬」「白い馬」などでもよい。
(4) じめんにたおれて、ころがっていた。
(5)① おかあさん馬
② おおかみ
(6)① 雪のように白く
② 引きしまって

---

3 5・6ページ 基本テスト① 漢字の読み書き(1)

1 (1){ ぬし おも (2){ しょく じ

2 (1) 申 (2) 丁 (3) 血 (4) 世 (5) 区
(6) 皿 (7) 去 (8) 号

3 (1) 化 (2) 写 (3) 反 (4) 仕

4 (1) 主人 (2) 用事 (3) 予算 (4) 中央
(5) 番号 (6) 写真 (7) 他人 (8) 反対
(9) 世界

---

4 7・8ページ 基本テスト② 漢字の読み書き(1)

1 (1){ ま きょく (2){ だ すごくせん

2 (1) 礼 (2) 打 (3) 氷 (4) 皮 (5) 次
(6) 式 (7) 羊 (8) 死

3 (1) 向 (2) 代 (3) 守 (4) 全

4 (1) 時代 (2) 公平 (3) 自由 (4) 作曲
(5) 九州 (6) 有名 (7) 両手 (8) 安全
(9) 電波

---

5 9・10ページ かんせいテスト 漢字の読み書き(1)

1 (1) 代わり (2) 向こう (3) 反らす
(4) 平ら (5) 仕える (6) 全く

2 (1){ 事 次 (2){ 主 守

3 ○{ 友・有 由

4 (1){ 水 血 皿 (2){ 州 川 (3){ 波 皮
(4) 血 皿 水 (5){ 羊 半 (6){ 他 地

8　漢字の読み書き(2)　かんせいテスト　15・16ページ

4
(1) 泳　(2) 受　(3) 苦　(4) 幸　(5) 服
(6) 普　(7) 実　(8) 板

3
(1) 岸　(2) 福　(3) 坂

2
(1) {ひもて／おもし}
(2) {じどう／だいどころ／じょうろ}

1
(1) 泳ぐ　(2) 決める　(3) 表す
(4) 決める　(5) 助ける　(6) 苦しい
(1) 幸せ

（右上欄）
注　住　柱
投　役　給　使　返　帰
登　発
(3) 発

4 （8欄）
(1) 原始　(2) 坂道　(3) 苦
(4) 幸　(5) 事
(6) 場所　(7) 発表　(8) 道具
(5) 使用

7　漢字の読み書き(2)　きほんテスト②　13・14ページ

4
(1) 泳　(2) 受　(3) 苦　(4) 幸

3
(1) 柱　(2) 投　(3) 住　(4) 苦しい
(5) 豆

2
(1) {ひもて／おもし}
(2) {じどう／だいどころ／じょうろ}
(1) {けさ／おもし}

1
(1) {おもて／もの}
(2) {たもつ／たいじゅん}

4 （7欄）
(1) 列事　(2) 登　(3) 身　(4) 決
(5) 役目　(6) 字定　(7) 注文
(8) 医委員
研究　注意　医者

6　漢字の読み書き(2)　きほんテスト①　11・12ページ

1
(1) {おも／もの}
(2) {おんめ}

11　漢字の読み書き(3)　かんせいテスト　21・22ページ

4
(1) 注　洋　羊　(2) 商　物　者　(3) 昭

3
(1) 勝　(2) 着　切

2
(1) 美しい
(2) 重ね
(3) 急
(4) 温　味
(5) 負け
(6) 味わう

1
(1) 急ぐ　(2) 員　(3) 重ねる
(4) 温　(5) 美しい　(6) 味わう

（11欄下）
(9) 勝負
(5) 神社
(1) 地面　(2) 重勝　(3) 美秒
(6) 温客　(7) 字想　(8) 畑
(3) 相
(4) 追
(4) 温
(7) 南呂　(8) 相
(4) 洋　(5) 品
(8) 相談　洋服

10　漢字の読み書き(3)　きほんテスト②　19・20ページ

4
(1) 員　(2) 拾　(3) 指
(6) 拾　(7) 相　(8) 畑

3
(1) 炭　(2) 勝

2
(1) {たもつ／おも}
(2) {じゅの}

1
(1) {おも}

（10欄下）
(9) 指定
(5) 指員
(1) 屋内　(2) 急　(3) 放
(6) 油　(7) 着物　(8) 持
(2) 着物
(7) 意見　(8) 荷物
(3) 送　(4) 味　(5) 指
(3) 味　(4) 県　(5) 着　(6) 味
(4) 昭和
(1) {おや}
(2) {ほうそく／おく}

9　漢字の読み書き(3)　きほんテスト①　17・18ページ

© くもん出版

12 きほんテスト① 23・24ページ　漢字の読み書き(4)

1 (1){ く / しんぱい　(2){ なが / じょうりゅう

2 (1)息 (2)島 (3)根 (4)酒 (5)倍 (6)宮 (7)速 (8)庭

3 (1)流 (2)起 (3)悪 (4)配

4 (1)野球 (2)家族 (3)校庭 (4)文庫 (5)消火 (6)勉強 (7)大根 (8)旅行 (9)病院

13 きほんテスト② 25・26ページ　漢字の読み書き(4)

1 (1){ みやこ / ごう　(2){ うつ / うんどう

2 (1)笛 (2)習 (3)第 (4)進 (5)筆 (6)軽 (7)転 (8)等

3 (1)祭 (2)終 (3)深 (4)等

4 (1)文章 (2)行進 (3)都会 (4)童話 (5)手帳 (6)練習 (7)自動 (8)運転 (9)宿題

14 かんせいテスト 27・28ページ　漢字の読み書き(4)

1 (1)終わる (2)起きる (3)祭り (4)流れる (5)深い (6)等しい

2 (1){ 題 / 第　(2){ 消 / 商

3 ○{ 習・調・終 }

4 (1){ 旅 族 / 練 線 }　(2){ 酒 島 / 配 鳥 }

(5){ 転 / 軽 }　(3)

(6){ 章 / 童 }

15 きほんテスト① 29・30ページ　漢字の読み書き(5)

1 (1){ とも / ん　(2){ かる / あ

2 (1)歯 (2)飲 (3)階 (4)薬 (5)湯 (6)遊 (7)港 (8)湖

3 (1)植 (2)落 (3)悲 (4)集 (5)短 (6)開 (7)寒 (8)暑

4 (1)太陽 (2)学期 (3)問題 (4)空港 (5)部品

16 きほんテスト② 31・32ページ　漢字の読み書き(5)

1 (1){ ほ / じょう　(2){ し / ちょうし

2 (1)算 (2)箱 (3)詩 (4)駅 (5)横 (6)館 (7)薬 (8)緑

3 (1)暗 (2)整 (3)調

4 (1)作業 (2)王様 (3)感想 (4)薬局 (5)漢字 (6)銀行 (7)道路 (8)鉄橋 (9)農場 (10)整理

17 かんせいテスト 33・34ページ　漢字の読み書き(5)

1 (1)植える (2)集まる (3)悲しい (4)整える

2 (1)短い (2)暗い (3)明るい (4)寒い (5)暑い (6)開ける

3 (1){ 感・漢・館 }

4 (1){ 部 / 倍 }　(2){ 薬 / 歯 }

(3){ 明 / 開 }

(4){ 楽

(3){ 詩 / 待 }

(4){ 湯 / 陽 }

⑤ (1) 帰る (2) 遊ぶ (3) 高い

④ (1) ┐ (2) (3) ┐
(1) (2) (3)
│ │
(一) (3) (2)(一)

③ (1) おかし (2) 切り分ける (3) 起き上がす

② (1) いぬ ※はんたいでもよい。
(2) ケーキ (3) カー

① (1) 野さい (2) 魚

④ (1) おはあさん
(2) 図書館だ (3) わかりました (4) 取り (5) 遊びました (6) 知り 行きました

③ (1) へ (2) お鳴った 下が迷う語 (3) 見てきました

② (1) わたしは主語だ
(2) 女の人・だれが 妹の・だれが 来て
(3) 主語・述語

① (1) わたしは主語だ …

④ (1) 調べる (2) 書きます (3) 歩く
(4) 歌います (5) かわる
にわかります …ましょう

③ (1) (一) 光 (2) (一) 木 (3) 右
(2) 服 ②右 ③ …

② (1) 買う (4) 行く
(2) ねこ (3) ましょう

① (1) 森は犬が
(2) 花は (4) 大きい (3) います …は

---

⑤ (1) みなおす
(2) 公園の前
(3) でも

④ (1) とくい
(2) また
(3) ていねい

③ (1) ┐ (2) (3) ┐
(1) (2) (3)
│ │
(一) (3) (一)
(2) (2)

② (1) 向かい合う (2) 進み始める
(3) 転げ落ちる

① (1) 生き物 (2) 鳥
(3) びん (4) はんたいでもよい。
(5) ※とめます ※はんたいでもよい。

④ (1) 新しい
(2) その
(3) こと

③ (1) 港 (2) 水族館の
(3) べんきょう

② (1) れい (2) れい (3) ていねい
書けた した

① (1) しかし (2) だから (3) または

© くもん出版

1 (1) まーうまーくま

　　(2) ねーあねーかね

　　(3) もーいもーひも

2 (1) かえる　(2) さくら

　　(3) いしゃ　(4) ちゃわん

　　(5) ふうせん　(6) らっぱ

　　(7) おもちゃ　(8) にんぎょう

3 (1) { (○) / ( ) }　(2) { ( ) / (○) }

　　(3) { ( ) / (○) }　(4) { ( ) / (○) }

　　(5) { ( ) / (○) }　(6) { ( ) / (○) }

4 (1) rakuda

　　(2) sippo

　　　※「shippo」でもよい。

　　(3) dôbutu

　　　※「dôbutsu」でもよい。

ポイント

ローマ字の書き方や線のはばに決まりはないよ。

---

1 (1)　はかせ ╳ ⑦

　　　　花火 ╳ ⑦

　　　　葉っぱ ── ⑨

　　(2)　学校 ╳ ⑦

　　　　外国 ╳ ⑦

　　　　楽器 ╳ ⑨

2 (1)ウ　(2)イ　(3)イ　(4)イ　に○

3 (1) めがね　　　(2) とうふ

　　(3) ほんや　　　(4) ひこうき

　　(5) とびばこ　　(6) おおさか

　　(7) はらっぱ　　(8) にっぽん

4 (1) densya

　　　※「densha」でもよい。

　　(2) otôsan

　　(3) byôin

　　(4) pan'ya

　　(5) happyô

　　(6) gyûnyû

93

27 作文の書き方(1) 話題と中心　本さつテスト 53・54ページ

2
(1)イ (2)ウ

1
(1)(エ)・(ウ)・(ア)

(3)
(ア) 明日の発表会で
(イ) 前に
(ウ) ねむる
(2)○に
(3)○に

4
(1)人 (2)算 (3)答・昭 (4)通・線 (5)運・終

3
(1)晴・美　(2)水道・絹　(3)笛・手

2
(1)短か→短く
(2)全たく→全く
(3)美い→美しい

1
(1)あか(る)
(2)おます(じ)
(3)
(4) さ／お／ます／じ

26 かん字のくみ立て(4) 漢字の送りがな　本さつテスト 51・52ページ

4
(1)暑 (2)昭 (3)運
(4)植・お (5)厚 (6)箱

3
(1)暗 (2)使 (3)荷
(4)助・形 (5)守

2
(1)遊 (2)使い (3)使う
(4)使え

1
※それぞれじゅんじょは広

(1)迷・始
(2)送・留
(3)読

(1)〜(5)はんたい

4
(1)（ ）（○）（ ）
(2)（ ）（ ）（○）
(3)（ ）（○）（ ）
(4)（ ）（ ）（○）
(5)（ ）（○）（ ）
(6)（○）（ ）（ ）

25 かん字のくみ立て(4) 漢字の送りがな　本さつテスト 49・50ページ

1
（略）

31 物語の読みとり 場面の様子(1)　本さつテスト 61・62ページ

★
(1)かんはん
(2)おかや
(3)おとこ・馬など
(4)おじんへん…□
(5)ひと回し

(1)(エ)…□
(2)(ア)…□
(3)(エ)…□
※はんたいでもよいこと。

(3)…□
(1)(ウ)…□
※はんたいでもよいこと。

30 作文の書き方(2) 文章の組み立て(2)　本さつテスト 59・60ページ

★
(1)(ウ)…(1)
(2)(ア)…(2)
(3)(エ)…(3)
(1)(ウ)…(1)
※はんたいでもよいこと。

1
(1)木箱作り
(2)(ウ)

2
(1)(ア)→(エ)→(イ)
(2)(ウ)→(ア)→(イ)
(3)たから
(2)(エ)・(ア)

29 作文の書き方(2) 文章の組み立て(2)　本さつテスト 57・58ページ

(1)(ア)イ・エ
(2)(1)…(3)
(2)(エ)・(ア)
(3)(ア)…(3)
(4)(ア)…(1)
(5)(ウ)…(1)
(2)(ウ)…(1)
※はんたいでもよいこと。

□…3
□…2
□…(エ)…3

28 作文の書き方(1) 話題と中心　本さつテスト 55・56ページ

★
(1)ウ
○に

32 63・64ページ かんせいテスト
物語の読みとり(1)
・場面の様子

★(1)①できた ②すてきな
(2)森中の木の中から、えりすぐりの木。
(3)野うさぎ
(4)きつつきさし出したメニュー。
(5)①ぶな ②四分音符分
(6)きつつきを見上げて、にっこりうなずいた。

33 65・66ページ きほんテスト
物語の読みとり(2)
・人物の気持ち

★(1)(れい)きもちに、しくじくがうか。
(2)ア に○
(3)①岩 ②女の子
(4)(まるで)本当に馬に乗っている みたいだ(と思った)。
(5)かっこよく乗れた(と思った)。

34 67・68ページ かんせいテスト①
物語の読みとり(2)
・人物の気持ち

★(1)①女の子〈あの子〉 ②会える
(2)イ に○
(3)(れい)返事にこまる様子。
(4)ウ に○
(5)(このまにか)黒い馬に乗っていた。

35 69・70ページ かんせいテスト②
物語の読みとり(2)
・人物の気持ち

★(1)(れい)足音がしたから。
(2)チョコレートのかけら〈チョコレート〉
(3)(れい)うれしかったから。

ポイント

じんぞうは、チョコレートがすきではなかった。けれど、自分のことを心配してやってきてくれた男の子の気持ちが、とてもうれしかったんだね。

(4)イ に○
(5)(れい)・お母さんが、もうじきたい院すること。・あしたサーカスを見に来ること。
　※じゅんはちがってもよい。
(6)ウ に○
(7)イ に○

36 71・72ページ きほんテスト
せつ明文の読みとり(1)
・文章の内ようと組み立て

★(1)①数字 ②記号
(2)電話の市外局番
(3)⑤
(4)道路ひょうしきや点字ブロック
(5)地図に使われる記号
(6)①一 ②わる

37 73・74ページ かんせいテスト
せつ明文の読みとり(1)
・文章の内ようと組み立て

★(1)①一′ ②二
(2)どの地いきか
(3)①じょうほう ②かんたん
(4)みんながあんぜんに通行できるようにするため。
(5)ア に○
(6)言葉で書き表すより、記号を使ったほうがくわかりやすいという点。

96

41 詩の読みとり（81・82ページ テスト）

1 (1) 5行目 (2) ア (3) □に

2 (1) 9行目〜12行目 (2) 太陽・夕日 (3) 〈れ〉い 〈15〉行目〜〈16〉行目と全く同じ。

40 せつ明文の読みとり・まとめと要点（2）（79・80ページ テスト（2））

★ (1)（一）たね (2)〈れ〉い 大豆は食べられて、その中のたねが消化されてへんになってしまうから。

(3) 3 (4) イ 1 ウ 3 エ 2
(5) ア 4

39 せつ明文の読みとり・まとめと要点（2）（77・78ページ テスト（1））

★ (1)（一）こと (2)（一）自動車 ②進め
(3) □に (4) ウ (5) □に
(6) ウ 生活

38 せつ明文の読みとり・まとめと要点（2）（75・76ページ テスト 本書き）

★ (1)（一）目 (2)□に
(3) 3・6 ※反対に・助けあって生きていること
(4) 今 使って・命 (5) 約三か月から三か月半

44 仕上げテスト（2）（87・88ページ）

★ (1)〈れ〉い (2)ア
(3)〈れ〉い (4)ア (5)〈れ〉いが白くなる
(6)足に血が出た〈霜〉
(7)なせ足から走り出すとすぐ大は豆太は死んでしまう。
(8)〈れ〉いはもうとっくにおきていたからほねが出た。
(9)〈れ〉いそんなことはないしもも月が出てきた。反対の木に雪が死んだから、灯がつき始めてしまう。

5 (1)植えて (2)オレたちの家 (3)短い
(1)木の流れ下がる (2)ポール (3)述語

4 (1)友だちの家 (2)ボール (3)述語

3 (1)先生が・話し（明し）た (2)女の子が・はなした (3)大が・買った

2 (1)身・実 (2)者・物 (3)業・歯 (4)開・明

43 仕上げテスト（1）（85・86ページ）

1 (1)〈れ〉い (2)ア (3)イ

42 詩の読みとり（83・84ページ テスト）

1 (1)なかひら (2)（一）ウ②わかへひを
2 (1)ウ (2)〈一〉日に □に
(3)イ 太陽がのぼってくる。へん〈子どもたち〉

ウェブサイト でも 郵便はがき でも OK!

お客さまの声をお聞かせください!

郵便はがき 今後の商品開発や改訂の参考とさせていただきますので、「郵便はがき」にて、本商品に対するお声をお聞かせください。率直なご意見・ご感想をお待ちしております。

※**郵便はがきアンケート**をご返送頂いた場合、図書カードが当選する**抽選の対象**となります。

抽選で毎月100名様に「図書カード」1000円分をプレゼント!

くもん出版の商品情報はこちら!

くもん出版では、乳幼児・幼児向けの玩具・絵本・ドリルから、小中学生向けの児童書・学習参考書、一般向けの教育書や大人のドリルまで、幅広い商品ラインナップを取り揃えております。詳しくお知りになりたいお客さまは、ウェブサイトをご覧ください。

くもん出版ウェブサイト
https://www.kumonshuppan.com

| くもん出版 | 検索 |

くもん出版直営の通信販売サイトもございます。

| Kumon shop | 検索 |

くもん出版 お客さま係 東京都港区高輪4-10-18 京急第1ビル13F　E-mail　info@kumonshuppan.com
0120-373-415 (受付時間／月〜金 9:30 〜 17:30 祝日除く)

きりとり線

郵便はがき

108-8790

414

料金受取人払郵便

高輪局承認

3586

差出有効期間
2023年1月
31日まで

切手を貼らずにご投函ください。

東京都港区高輪 4-10-18
京急第1ビル 13F

(株)くもん出版
お客さま係 行

フリガナ
お名前

ご住所 〒□□□-□□□□　　都道府県　　区市部

ご連絡先 TEL（　　）

Eメール　　　　＠

● 「公文式教室」へのご関心についてお聞かせください ●
1. すでに入会している　2. 以前通っていた　3. 入会資料がほしい　4. 今は関心がない

● 「公文式教室」の先生にご関心のある方へ ●
「公文式教室」の先生になっていただけます → くもんの先生 検索

ホームページからお問い合わせいただけます
資料送付でご希望の方は○をご記入ください・・・希望する（　　　）
資料送付の際のお宛名

ご年齢（　　　）歳

選んで、使って、いかがでしたか？
ウェブサイトへレビューをお寄せください

ウェブサイト

くもん出版ウェブサイト（小学参特設サイト）の「お客さまレビュー」では、
くもんのドリルや問題集を使ってみた感想を募集しています。
「こんなふうに使ってみたら楽しく取り組めた」「力がついた」というお話だけでなく、
「うまくいかなかった」といったお話もぜひお聞かせください。
ご協力をお願い申し上げます。

こちらから

**くもんの
小学参特設サイトには
こんなコンテンツが…**

カンタン診断
10分でお子様の実力を
チェックできます。
（新小1・2・3年生対象）

お客さまレビュー
レビューの投稿・閲覧がで
きます。他のご家庭のリア
ルな声がぴったりのドリル
選びに役立ちます。

**マンガで解説！
くもんのドリルのひみつ**
どうしてこうなっているの？くもん
独自のくふうを大公開。ドリルの
じょうずな使い方もわかります。

＜ご注意ください＞
・「お客さまアンケート」（はがきを郵送）と「お客さまレビュー」（ウェブサイトに投稿）は、アンケート内容や個人情報の取り扱いが異なります。

	図書カードが当たる抽選	個人情報	感想
はがき	対象	氏名・住所等記入欄あり	非公開（商品開発・サービスの参考にさせていただきます）
ウェブサイト	対象外	メールアドレス以外不要	公開（くもん出版小学参特設サイト上に掲載されます）

・ウェブサイトの「お客さまレビュー」は、1冊につき1投稿でお願いいたします。
・「はがき」での回答と「ウェブサイト」への投稿は両方お出しいただくことが可能です。
・投稿していただいた「お客さまレビュー」は、掲載までにお時間がかかる場合があります。また、健全な運営に反する内容と判断した場合は、掲載を見送らせていただきます。

57272 「小学 学力チェックテスト3年生国語」

きりとり線

お子さまの年齢・性別　　ご記入→（　　　歳　　　ケ月）　　年　月）　男／女

この商品についてのご意見、ご感想をお聞かせください。

よかった点や、できるようになったことなど

よくなかった点や、つまずいた問題など

このドリル以外でどのような科目や内容のドリルをご希望ですか？

Q1 内容面では、いかがでしたか？
1. 期待以上　　2. 期待どおり　　3. どちらともいえない
4. 期待はずれ　　5. まったく期待はずれ

Q2 それでは、価格的にみて、いかがでしたか？
1. 十分見合っている　　2. 見合っている　　3. どちらともいえない
4. 見合っていない　　5. まったく見合っていない

Q3 学習のようすは、いかがでしたか？
1. 最後までらくらくできた　　2. 時間はかかったが最後まででできた
3. 途中でやめてしまった　（理由：　　　　　　　　　　　　）

Q4 お子さまの習熟度は、いかがでしたか？
1. 力がついて役に立った　　2. 期待したほどど力がつかなかった

Q5 今後の企画に活用させていただくために、本書のご感想などについて弊社より
電話や手紙でお話をうかがうことはできますか？
1. 情報提供に応じてもよい　　2. 情報提供には応じてもよくない

ご協力どうもありがとうございました。

くもん出版